華志文化

華志文化

包容天下「吉凶判斷」的卦辭精闢釋譯

周易新解

張善文教授
◎編著

六十四卦、三百八十四爻的
易學萬變智慧

心思欲念，存誠務實；全息觀照，
內聖外王。
——《周易》六爻演卦箴言

孔子說：「《周易》被撰寫出來作什麼用呢？
它是用來開啟物智而成就事務，普遍包容天下
的道理，如此而已罷了。」聖人用《周易》的
理論匯通天下的心志，確定天下的事業，解決
天下的疑難。所以《周易》蓍數的性質圓通而
神奇，卦體的性質方正而明智，六爻的「變
易」之理能告人吉凶。

前言

　　《周易》，是歷代學人必讀的經典書籍，也是中華傳統文化的本根。今天，我們要繼承、弘揚我國優秀的傳統文化，陶冶世人的道德品質，研讀《周易》應當是大有裨益的舉措之一。

　　宋儒程頤說過：「《易》道廣大，推遠則無窮，近言則安靜而正。天地之間，萬物之理，無有不同。」又說：「《易》之道，其至矣乎！聖人以《易》之道崇大其德業也！」（《河南程氏經說》）這既是前哲對《易》道的極力讚美，又體現著讀《易》的崇高宗旨。

　　然而，《易》之為書，不但文句蘊蓄宏深，而且卦象內涵隱奧，其象數義理所包，至為廣博。因此，人們倘欲深研《周易》，通曉經傳意旨，實非一件容易的事。朱熹曾經指出：「《易》難看，不比他書。《易》說一個物非真是一個物，如說龍非真龍。若他書則真是實物，孝悌便是孝悌，仁便是仁。《易》中多有不可曉處。」（《朱子語類》）他又深有感觸地認為：「（讀《易》）須是此心虛明寧靜，自然道理流通，方包羅得許多義理。蓋《易》不比《詩》、《書》，他是說盡天下後世無窮無盡底事埋，只一兩字便是一個道理。又人須是經歷天下許多事變，讀《易》方知各有一理，精審端正。」（同上）

　　朱子在這兩段話中，先言《周易》難讀，又指明讀《易》的基本方法，頗為精闢，而且對今人尋求研究《周易》的入門之徑甚有啟迪。

　　筆者撰寫此書，乃在於幫助初學者正確地研讀《周易》經傳本文，因而將《周易》六十四卦、三百八十四爻的卦爻辭，以及《彖傳》、《象傳》、《文言》、《繫辭》、《說卦》、《序卦》、《雜卦》諸傳原文，皆譯為通俗的現代文字，對難解的字詞略作簡注，

並於各卦、各篇的首尾撰寫「題解」、「綜論」作簡要分析，末附「《周易》研究主要著作」及「《周易》名言警句」（正文中用著重號標注），以便讓讀者透過各部分內容的對照閱讀，較容易理解《周易》原書的旨趣。

　　本書以清代武英殿刊刻的四卷本《周易本義》為底本，經傳卷次一依其序。對原文偶有校改處，均注明依據。至於書中的「題解」、「注釋」、「譯文」、「綜論」各部分內容，恐難免有疏舛之處，唯盼同道學者有以正之。倘若初涉易學的讀者能從中或多或少悟得《周易》思想之內涵所在，則是筆者的莫大榮幸。

張善文

讀易簡例（代序）

張善文

　　研讀《周易》，不但有「文字」障礙，還有令人頭痛的「卦象」障礙。因為《周易》卦爻辭文字是與卦象符號相配合以說明卦爻寓意的，所以不明白卦象就無從讀懂卦辭、爻辭。而六十四卦的卦象，又緊密依聯於各卦、各爻間錯綜複雜的變化關係，此中包含著種種有規律性的條例或法則。因此，掌握基本的易學條例，是閱讀《周易》的一個必要前提。

　　下面，選擇十則重要的易例作一些簡單分析。

一、陰陽

　　在《周易》的卦形符號體系中，「陽」用「—」表示，「陰」用「－－」表示。八卦、六十四卦就是以這兩種一連一斷的符號重疊組合而成的。《周易》六十四卦共有三百八十四爻，其中陽爻一百九十二，陰爻一百九十二，分別喻示自然界或人類社會中的一切「剛」、「柔」物象，展現事物運動變化的發展情狀。

　　《繫辭上傳》以「一陰一陽之謂道」精煉地概括易理本質，《莊子‧天下篇》也稱「《易》以道陰陽」，均是可取的論斷。可以說，《周易》的「陰陽」大義，是透過特殊的象徵，說明事物在對立統一規律中發展的哲學原理。朱熹說：「天地之間，無往而非陰陽；一動一靜，一語一默，皆是陰陽之理。」（《朱子語類》）這句話，正可作為《周易》「陰陽」喻象貫穿六十四卦的注腳。

二、卦時

　　《周易》六十四卦，每卦各自象徵某一事物、現象在特定背景中產生、變化、發展的規律。伴隨著卦義而存在的這種「特定背景」，《易》例稱「卦時」。

　　六十四卦表示六十四「時」，也就是塑造出六十四種特定背景，從不同角度喻示自然界、人類社會中某些具有典型意義的事理。如《泰》卦象徵「通泰」之時的事理，《訟》卦象徵「爭訟」之時的事理，《未濟》卦象徵「事未成」之時的事理，餘可類推。每卦六爻的變化情狀，均規限在特定的「時」中，反映事物發展到某一階段的規律。因此，閱讀六十四卦，不能不把握「卦時」這一概念。

三、二體

　　六十四卦既由八卦相重而成，故每卦中均包含著兩個八卦符號，凡居下者稱「下卦」（又稱「內卦」，《左傳》稱「貞」卦），凡居上者稱「上卦」（又稱「外卦」，《左傳》稱「悔」卦）。上下卦合稱「二體」，或「上下體」。

　　上下二體可以象徵事物發展的兩個階段，下卦為「小成」階段，上卦為「大成」階段。又可象徵事物所處地位的高低，或所居地域的內外、遠近等。

四、爻位

　　六十四卦每卦各有六爻，分處六級高低不同的等次，象徵事物發展過程中所處的或上或下、或貴或賤的地位、條件、身分等。六爻分處的六個等級，稱「爻位」。

　　六級爻位的排列，由下至上依次遞進，名曰：初、二、三、四、五、上。這是表明事物的生長變化規律，往往體現著從低級向高級的漸次進展。各卦爻位的基本特點，大略可以概括為：「初」位象徵事物發端萌芽，義主潛藏勿用；「二」位象徵事物嶄露頭角，義主適當進取；「三」位象徵事物功業小成，義主慎行防凶；「四」位象徵事物新進高層，義主警懼審時；「五」位象徵事物圓滿成功，義主處盛

戒盈；「上」位象徵事物發展終盡，義主窮極必反。當然，這只是括其大要，在各卦各爻的具體環境中，由於種種因素的作用，諸爻又有交複錯雜的變化。舊說或有擬取人的社會地位譬喻爻位的，如認為「初」代表「士民」，「二」代表「卿大夫」，「三」代表「侯」，「四」代表「公」，「五」代表「天子」，「上」代表「太上皇」。這種譬喻，也反映出爻位的等級特點，可以備為參考。

五、三才

　　我們已經知道，八卦符號各由三畫線條組成。古人認為，八卦三畫線條的下畫象徵「地」，中畫象徵「人」，上畫象徵「天」；合「天」、「地」、「人」而言，謂之「三才」。由八卦重成的六十四卦，各具六爻，若把六爻位序兩兩並列，也體現著三級層次，所以古人又認為初、二兩爻象徵「地」，三、四兩爻象徵「人」，五、上兩爻象徵「天」，三者亦合稱「三才」。《繫辭下傳》所謂「六者非他也，三才之道也」；《說卦傳》所謂「兼三才而兩之，故《易》六畫而成卦」，正是揭明「六爻」配「三才」的條例。這一條例，是從另一種角度觀察爻位，也可以表明六爻的高低等級區別。

六、當位、不當位

　　六爻位次，有奇位、耦位之分：初、三、五為奇位，亦稱「陽」位；二、四、上為耦位，亦稱「陰位」。六十四卦三百八十四爻，凡陽爻居陽位，陰爻居陰位，均稱「當位」（亦稱「得正」、「得位」）；凡陽爻居陰位，陰爻居陽位，均稱「不當位」（亦稱「失正」、「失位」）。

「當位」之爻，象徵事物的發展遵循「正道」、符合規律；「不當位」之爻，象徵背逆「正道」、違反規律。但當位、不當位亦非諸爻吉凶利弊的絕對標準，在各卦各爻所處的複雜條件、因素的影響下，得正之爻有轉向不正的可能，不正之爻也有轉化成正的可能。所以，爻辭中常常有警醒「當位」者守正防凶之例，以及誠勉「不當位」者趨正求吉之例。

七、中

六爻所居位次，第二爻在下卦三爻的中位，第五爻在上卦三爻的中位，這兩者象徵事物守持中道、行為不偏，《易》例稱「中」。

凡是陽爻居中位，象徵「剛中」之德；陰爻居中位，象徵「柔中」之德。如果陰爻處二位（陰位），陽爻處五位（陽位），則是既「中」且「正」，稱為「中正」，這在《易》爻中是最具美善的象徵。《周易》強調「中」的思想，與先秦儒家所極力崇尚的「中庸」之道，正相吻合。

八、承、乘、比、應

在《易》卦六爻的相互關係中，由於諸爻的位次、性質、遠近距離等因素，常常反映出承、乘、比、應的複雜現象。

凡下爻緊靠上爻叫做「承」，就是以下承上的意思。《易》例側重揭示陰爻上承陽爻的意義，即象徵卑微、柔弱者順承尊高、剛強者，求獲援助；此時爻義必須視具體情狀而定，大略以陰陽「當位」之爻相承為吉，「不當位」的相承多凶。

凡上爻高凌下爻叫做「乘」，就是以上凌下的意思。《易》例以陰爻乘陽爻為「乘剛」，象徵弱者乘凌強者、「小人」乘凌「君子」，爻義多不吉善。但陽爻居陰爻之上則不言「乘」，認為是理之所常。由此可以看出《周易》「扶陽抑陰」的思想。

凡六爻之間逐爻相連並列者叫做「比」，就是兩相比鄰的意思。如初與二比，二與三比，三與四比，四與五比，五與上比即是。兩爻

互比之際，也體現著「承」、「乘」現象。例如，初六與九二相比，則初以陰承陽；九二與六三相比，則三以柔乘剛。爻位互比的關係，象徵事物處在相鄰環境時的作用與反作用，往往在其他因素的交互配合下影響爻義的吉凶。

凡六爻之間處在下卦的三爻與處在上卦的三爻皆兩兩交感對應，叫做「應」爻。具體說，就是初爻與四爻交應，二爻與五爻交應，三爻與上爻交應。對應之爻一陰一陽的，可以兩相交感，稱為「有應」；如果兩者俱為陰爻，或俱為陽爻，必不能交感，稱為「無應」。這種「有應」、「無應」之例，與現代物理學中「同性相排斥，異性相吸引」的法則十分類似。爻位對應的關係，象徵事物矛盾、對立面存在著諧和、統一的運動規律。

要是我們每個人都注意觀察自身在社會生活中的各種處境，細緻分析自己與親朋、父兄、同學、上級、下屬等之間的關係，便可以發現許多類似於承、乘、比、應的情狀，甚至可以結合《周易》旨趣悟出不少道理。就《易》學而言，《易》卦六爻位次之間的承、乘、比、應，是《周易》爻象變動過程的四方面要素，也就是從四個角度象徵事物在複雜環境中變化發展的或利或弊的外在條件，以及在一定條件制約下的某些規律。

九、互卦

《易》卦六爻之間，除初爻、上爻外，中四爻又有相連互交的卦包含其間，稱為「互卦」。其中二、三、四爻合成一個三畫卦，稱為「下互」；三、四、五爻又合成一個三畫卦，稱「上互」。這樣，「上互」、「下互」相組合，便構成另一個六畫卦。下面舉《屯》卦（䷂）為例：

可見，《屯》卦由下震、上坎組成，中間四爻含有下互坤（☷）、上互艮（☶），上下互便合成《剝》（䷖）卦。「互卦」條例，是《周易》六十四卦卦形的構成特徵之一。《左傳》、《國語》所載《易》說，常常涉及「互卦」；漢代人解《易》，也多沿承「互卦」之例。

十、卦主

《周易》六十四卦的每卦六爻中，有為主之爻，叫做「卦主」。卦主有兩種類型：一是「成卦之主」，即該卦所由以成的主爻。此類卦主不論爻位高下，其德善否，只要全卦意義因之而起，則皆得為卦主。比如《夬》（䷪）卦，上六一陰高凌於上，被五陽所決除，全卦含「君子決除小人」之義，而上六即為「成卦之主」。二是「主卦之主」，即該卦六爻中最完美的主爻。此類卦主必是爻德美善、得位得時者當之，故各卦第五爻多為主卦之主，他爻亦間或有之。比如《乾》（䷀）卦的第五爻「九五」，陽剛盛美，有「飛龍在天」之象，即為主卦之主。六十四卦的《象傳》，往往揭示出卦主所在。

上面所列十則《易》學條例，是最為基本、最需注意的，初讀《周易》者應結合研討六十四卦而細加體會。至於歷代《易》家總結出來的《易》例，頗為繁多，有志於深研《易》義的讀者，還可以廣泛取為揣摩辨析，去非存是，必將大有益處。

目錄

 上經

⤳ 乾卦第一 ⤳

【題解】

　　此卦六畫均為陽爻，上下皆乾（☰），朱熹稱為「陽之純而健之至也」（《周易本義》）。卦形取天為象，全卦揭示了具有開創氣質的陽剛元素的發展變化規律。

【原文】

　　☰ 乾，元亨利貞[①]。

　　初九，潛龍，勿用。

　　九二，見龍在田[②]，利見大人。

　　九三，君子終日乾乾[③]，夕惕若[④]，厲无咎[⑤]。

　　九四，或躍在淵，无咎。

　　九五，飛龍在天，利見大人。

　　上九，亢龍有悔。

　　用九[⑥]，見群龍無首[⑦]，吉。

【注釋】

　　①貞：正，猶言「正固」。

　　②見（ㄒㄧㄢˋ）：通「現」。

　　③乾乾：即健而又健。乾，健也。

　　④若：助詞。

　　⑤厲：危。

　　⑥用九：指應用陽剛的道理。「九」在《周易》中為「陽剛」的象徵。

　　⑦無首：指不以首領自居。

【譯文】

≡ 《乾》卦象徵天：元始，亨通，和諧有利，正固（四德俱全）。

初九，巨龍潛伏在水中，暫不施展才用。

九二，巨龍出現在田間，利於出現大人。

九三，君子整天健強振作不已，直到夜間還時時警惕，這樣即使面臨險境也不遭咎害。

九四，或者騰躍上進，或者退處在淵，必無咎害。

九五，巨龍高飛上天，利於出現大人。

上九，巨龍窮飛至極，終將有所悔恨。

用「九」數，出現一群巨龍，都不搶先居首，吉祥。

【原文】

彖曰[①]：大哉乾元！萬物資始，乃統天。雲行雨施，品物流形。大明終始，六位時成，時乘六龍以禦天。乾道變化，各正性命[②]，保合太和，乃利貞。首出庶物，萬國咸寧。

象曰[③]：天行健，君子以自強不息。潛龍勿用，陽在下也。見龍在田，德施普也。終日乾乾，反復道也。或躍在淵，進无咎也。飛龍在天，大人造也[④]。亢龍有悔，盈不可久也。用九，天德不可為首也。

【注釋】

①彖（ㄊㄨㄢˋ）：《易傳》中總論各卦基本觀念的話。又稱「彖辭」、「彖傳」。

②正：定。

③象：即象辭，亦稱「象傳」。《易傳》（即《十翼》）的兩篇。用以解釋卦名、卦義和爻辭。《易傳》作者認為《周易》中的卦和爻都是一種「象」，而「象」則摹擬客觀事物現象，並包含著一定的吉凶休咎的內容。

④造：猶言起，即出現之意。

【譯文】

《彖傳》說，多麼偉大啊，開創萬物的（春天）陽氣！萬物依靠它開始萌生，它統領著整個大自然。（夏天）雲朵飄行、霖雨降落，各種物類流布成形。光輝燦爛的太陽往復運轉（帶來秋天），恰如《乾》卦六爻按不同的時位組成，陽氣按時乘著六條巨龍駕馭大自然。大自然的運行變化（迎來冬天），萬物各自靜定精神，保全太和元氣，以利於守持正固（等待來年生長）。（陽氣就這樣周流不息而又）統率萬物重新萌生，天下萬方都和美安定。

《象傳》說：天的運行剛強勁健，君子因此不停地自我奮發圖強。巨龍潛伏水中而暫勿施展才用，說明陽氣初生居位低下。巨龍出現田間，說明美德昭著廣施無涯。整天健強振作，說明反覆行道不使偏差。或騰躍上進、或退處在淵，說明審時前進必無咎害。巨龍高飛上天，說明大人奮起大展雄才。巨龍窮飛至極而終將有所悔恨，說明剛強過甚不久必衰。用「九」數，說明天的美德不自居首（而剛去柔來）。

【原文】

文言曰①：元者善之長也，亨者嘉之會也，利者義之和也，貞者事之幹也。君子體仁足以長人，嘉會足以合禮，利物足以和義，貞固足以幹事。君子行此四德者，故曰乾，元亨利貞。

初九曰潛龍勿用。何謂也？子曰：龍德而隱者也。不易乎世，不成乎名。遯世无悶，不見是而无悶。樂則行之，憂則違之，確乎其不可拔，潛龍也。

九二曰見龍在田，利見大人。何謂也？子曰：龍德而正中者也。庸言之信②，庸行之謹。閑邪存其誠③，善世而不伐④，德博而化。易曰見龍在田，利見大人，君德也。

九三曰君子終日乾乾，夕惕若，厲无咎。何謂也？子曰：君子進

德修業。忠信，所以進德也。修辭立其誠，所以居業也。知至至之，可與言幾也⑤。知終終之，可與存義也。是故居上位而不驕，在下位而不憂。故乾乾因其時而惕，雖危无咎矣。

九四曰或躍在淵，无咎。何謂也？子曰：上下無常，非為邪也。進退无恆，非離群也。君子進德修業，欲及時也，故無咎。

九五曰飛龍在天，利見大人。何謂也？子曰：同聲相應，同氣相求。水流濕，火就燥。雲從龍，風從虎。聖人作而萬物睹。本乎天者親上，本乎地者親下，則各從其類也。

上九曰亢龍有悔。何謂也？子曰：貴而無位，高而無民，賢人在下位而無輔，是以動而有悔也。

潛龍勿用，下也。見龍在田，時舍也⑥。終日乾乾，行事也。或躍在淵，自試也。飛龍在天，上治也⑦。亢龍有悔，窮之災也。乾元用九，天下治也。

潛龍勿用，陽氣潛藏。見龍在田，天下文明。終日乾乾，與時偕行。或躍在淵，乾道乃革。飛龍在天，乃位乎天德。亢龍有悔，與時偕極。乾元用九，乃見天則。

乾元〔亨〕者⑧，始而亨者也。利貞者，性情也。乾始能以美利利天下，不言所利，大矣哉！大哉乾乎！剛健中正，純粹精也。六爻發揮，旁通情也。時乘六龍，以禦天也。雲行雨施，天下平也。

君子以成德為行，日可見之行也⑨。潛之為言也，隱而未見，行而未成，是以君子弗用也。

君子學以聚之，問以辯之⑩，寬以居之，仁以行之。易曰見龍在田，利見大人，君德也。

九三重剛而不中，上不在天，下不在田，故乾乾因其時而惕，雖危无咎矣。

九四重剛而不中，上不在天，下不在田，中不在人，故或之。或之者，疑之也，故无咎。

夫大人者，與天地合其德，與日月合其明，與四時合其序，與鬼神合其吉凶。先天而天弗違，後天而奉天時。天且弗違，而況於人

乎？況於鬼神乎？

　　亢之為言也，知進而不知退，知存而不知亡，知得而不知喪。其唯聖人乎！知進退存亡而不失其正者，其唯聖人乎！

【注釋】

　　①文言：即文飾《乾》、《坤》兩卦之言，為《十翼》之一，又稱《文言傳》。

　　②庸言：謂平常言語。庸，常。

　　③閑：防止。

　　④善世：言其善甚大。世，大。

　　⑤幾（ㄐㄧ）：微，即細微徵兆。

　　⑥舍：通「舒」。

　　⑦上：通「尚」。

　　⑧〔亨〕：原本無「亨」字，據王念孫《讀書雜誌》補。

　　⑨日：或本作「曰」。

　　⑩辯：通「辨」。

【譯文】

　　《文言傳》說：元始，是眾善的尊長；亨通，是美好的會合；和諧有利，是事義的和暢；正固，是辦事的根本。君子用仁心作為本體，可以當人們的尊長；尋求美好的會合，就符合禮；施利於他物，就符合義；堅守正固的節操，就可以辦好事務。君子正是踐行這四種美德的人，所以說《乾》卦象徵天，具備元始、亨通、和諧有利、正固四種美德。

　　初九爻辭稱巨龍潛伏水中，暫勿施展才用。講什麼意思呢？孔子指出：這是譬喻有龍一樣品德而隱居的人。他不被污濁的世俗改變節操，不熱衷於太早創立功名；逃離這個俗世不感到苦悶，不為世人贊許也不苦悶；稱心的事付諸實施，不稱心的事絕不踐行，具有堅定不可動搖的意志，這就是潛伏的巨龍。

　　九二爻辭稱巨龍出現田間，利於出現大人。講什麼意思呢？孔子指出：這是譬喻有龍一樣的品德而立身中正的人。他的平凡言論說到做到，日常行為謹慎有節；防止邪惡而保持誠摯，美好宏大而不津津自誇，道德廣博而能感化天下。《周易》說巨龍出現田間，利於出現大人，正是表明出現具備君主品德的賢人。

　　九三爻辭稱君子整天健強振作，直到夜間還時時警惕慎行，這樣即使面臨險境也不遭咎害。講什麼意思呢？孔子指出：這是譬喻君子要增進美德、營修功業。為人忠誠信實，就可以增進美德；修飾言辭出於誠摯的感情，就可以積蓄功業。知曉進取的目標而努力實現它，這種人可以跟他探討事物發展的細微徵兆；明白終止的時刻而及時終止，這種人可以跟他共同保全事物發展的適宜狀態。像這樣就能居上位而不矜驕，處下位而不憂愁。因此，一個人能健強振作不已而隨時警惕慎行，即使面臨險境也不遭咎害了。

　　九四爻辭稱（巨龍）或騰躍上進、或退處在淵，必無咎害。講什麼意思呢？孔子指出：這是譬喻賢人的上升、下降是不一定的，並非出於邪念；他的進取、引退也是不一定的，並非脫離眾人。君子增益道德、營修功業，是想抓住時機進取，所以必無咎害。

　　九五爻辭稱巨龍高飛上天，利於出現大人。講什麼意思呢？孔子指出：這是譬喻同類的聲音相互感應，同樣的氣質相互求合；水向濕處流淌，火向乾處燃燒；景雲隨著龍吟飄出，穀風隨著虎嘯刮起；聖人奮發治世而萬物昭明顯現；依存於天的親近於上，依存於地的親近於下，各自以類相從而發揮作用。

　　上九爻辭稱巨龍窮飛至極，終將有所悔恨，講什麼意思呢？孔子指出：這是譬喻某種人雖尊貴而沒有實位，雖崇高而管不到百姓，賢明的人居下位而不輔助他，所以一旦輕舉妄動就將有所悔恨。

　　（初九稱）巨龍潛伏水中而暫勿施展才用，說明地位低下微賤。（九二稱）巨龍出現田間，說明時勢開始舒展。（九三稱）整天健強振作不已，說明事業付諸實踐。（九四稱）或騰躍上進、或退處在淵，說明正在自我體驗。（九五稱）巨龍高飛上天，說明形成最佳的

政治局面。（上九稱）巨龍窮飛至極而終將有所悔恨，說明窮極帶來了災難。（用九稱）天有元始之德而用（陽剛化為陰柔的）九數，說明天下大治是勢所必然。

（初九稱）巨龍潛伏水中而暫勿施展才用，說明陽氣潛藏未現。（九二稱）巨龍出現田間，說明天下文彩明燦。（九三稱）整天健強振作不已，說明追隨時光向前發展。（九四稱）或騰躍上進、或退處在淵，說明天道轉化而出現變革。（九五稱）巨龍高飛上天，說明陽氣旺盛正當天位而具備天的美德。（上九稱）巨龍窮飛至極而終將有所悔恨，說明陽氣隨著時節推展而窮盡衰落。（用九稱）天有元始之德而用（陽剛化為陰柔的）九數，這正體現大自然的法則。

《乾》卦象徵天而有元始、〔亨通〕之德，表明天的美德在於首創萬物並使之亨通；有諧利、正固之德，是天所蘊含的本性和內情。天一開始就能用美好的利益來施利天下，卻不表白它所施予的利惠，這是極大的利惠啊！偉大的天啊！剛強勁健而居中守正，通體不雜而純粹至精；《乾》卦六爻的運動變化，廣泛會通萬物的發展情景；猶如順著不同時節套上六條巨龍，駕馭著大自然而馳騁；行雲降雨，帶來天下太平。

君子把成就道德作為行動的目的，是每天都可以體現出來的行為。（《乾》卦初九爻辭）所講的潛藏，猶言（巨龍）隱伏而不曾露身，微行而尚未顯著，所以君子暫時不施展才用。

君子靠學習來積累知識，靠發問來辨決疑難，憑著寬闊的胸懷居於適當之位，用仁愛的心地施於一切行為。《周易》（的《乾》卦九二爻辭）說巨龍出現田間，利於出現大人，表明這種大人具備了擔任國君的品德。

（《乾》卦）九三是多重陽剛疊成的，居位不正中，上不達於高天，下不立於地面，所以要不斷健強振作而隨時保持警惕，這樣即使面臨險境也能免遭咎害。

（《乾》卦）九四是多重陽剛疊成的，居位不正中，上不達於高天，下不立於地面，中不處於人境，所以爻辭強調「或」。強調

「或」的意思，在於揭明要有所疑慮而多方審度，這樣就不致遭受咎害。

（《乾》卦九五爻辭所說的）大人，他的道德像天地一樣覆載萬物，他的聖明像日月一樣普照四方，他的施政像一年四季一樣井然有序，他示人凶吉像鬼神一樣奧妙莫測。他先於天象而行動，天不違背他；後於天象而處事，也能遵循天的變化規律。天尚且不違背他，何況人呢？何況鬼神呢？

（《乾》卦上九爻辭所說的）窮飛至極，是表明某種人只曉得進取而不知及時引退，只曉得生存而不知終將衰亡，只曉得獲利而不知所得必失。大概只有聖人（才是明智的）吧！深知進取、引退、生存、滅亡的道理，而行為不偏離正確途徑的，大概只有聖人吧！

【綜論】

《乾》卦是《周易》六十四卦之首，是研讀《周易》的第一道門戶。唐‧孔穎達設問道：「此既象天，何不謂之『天』，而謂之『乾』？」他自答說：天是「定體之名」，乾是「體用之稱」，「天以健為用者，運行不息，應化無窮，此天自然之理」（《周易正義》）。《乾》卦的喻旨，又在於勉勵人效法「天」的剛健精神，奮發向上，這也是《大象傳》所極力推贊的「君子以自強不息」的內在意義。卦辭高度概括「天」具有開創萬物，並使之亨通、富利、正固這四方面「美德」，意在表明陽氣是宇宙萬物「資始」之本。但「陽剛」之氣的自身發展，又有一定的規律，於是，六爻擬取「龍」作為「陽」的象徵，形象地展示了陽氣萌生、進長、盛壯乃至窮衰更轉的變化過程。《乾》卦的卦爻辭共有七則（另有「用九」一則），而《彖傳》、《象傳》、《文言傳》對其象徵意義的闡釋卻頗為周至詳盡，使卦爻辭的哲學理趣得以揭明，故認真研讀此三傳對深入理解《乾》卦甚有裨益。

❧ 坤卦第二 ❧

【題解】

　　此卦六畫均是陰爻，上下皆坤（☷），朱熹稱為「陰之純，順之至」（《周易本義》）。卦形取「地」為象，全卦揭示具有溫順氣質的陰柔元素的發展變化規律。

【原文】

　　☷　坤，元、亨，利牝馬之貞。君子有攸往，先迷，後得主，利。西南得朋，東北喪朋。安貞吉。

　　彖曰：至哉坤元！萬物資生，乃順承天。坤厚載物，德合无疆。含弘光大，品物咸亨。牝馬地類，行地无疆。柔順利貞，君子攸行①。先迷失道，後順得常。西南得朋，乃與類行。東北喪朋，乃終有慶。安貞之吉，應地无疆。

　　象曰：地勢坤，君子以厚德載物。

　　初六，履霜，堅冰至。象曰：履霜堅冰，陰始凝也。馴致其道②，至堅冰也。

　　六二，直方大，不習无不利。象曰：六二之動，直以方也。不習无不利，地道光也。

　　六三，含章可貞，或從王事，无成有終。象曰：含章可貞，以時發也。或從王事，知光大也。

　　六四，括囊③，无咎無譽。象曰：括囊无咎，慎不害也。

　　六五，黃裳，元吉。象曰：黃裳元吉，文在中也。

　　上六，龍戰於野④，其血玄黃。象曰：龍戰於野，其道窮也。

　　用六，利永貞。象曰：用六永貞，以大終也。

【注釋】

　　①攸：助詞，猶「所」。

②馴：順，謂「順沿」。

③括：《方言》解釋為「閉也」，猶言「束緊」。

④戰：《說文》「壬」下云：「《易》曰『龍戰於野』，戰者接也。」此處謂「交接」、「交和」、「和合」。

【譯文】

　　☷　《坤》卦象徵地：元始，亨通，利於像雌馬一樣守持正固。君子有所前往，若是搶先居首必然迷入歧途；要是隨從人後就會有人做主，必有利益。往西南將得到友朋，往東北將喪失友朋。安順守持正固可獲吉祥。

　　《彖傳》說：美德至極啊，（配合天）創始萬物的大地！萬物依靠它成長，它順從稟承天的志向。地體寬厚而能普載萬物，德性廣合而能久遠無疆；它含育一切使之發揚光大，萬物亨通暢達遍受滋養。雌馬是地面動物，永久馳騁在無邊的大地上；牝柔和溫順而利在守持正固，君子應當這樣而有所前往。若是搶先居首必然迷入歧途偏離正道，要是隨從人後、溫和柔順，就能使福慶久長。往西南將得到友朋，可以和朋類共赴前方；往東北將喪失友朋，但最終也仍有喜慶福祥。安順守持正固的吉祥，正應合大地的美德永葆無疆。

　　《象傳》說：大地的氣勢寬厚和順；君子因此要增厚美德、容載萬物。

　　初六，踩上微霜，將迎來堅冰百丈。《象傳》說：踩上微霜將迎來堅冰，說明陰氣剛開始凝積；順沿其中的規律，百丈堅冰必將到來。

　　六二，正直、端方、宏大，不學習也未必不獲利。《象傳》說：六二的變動，趨向正直端方；不學習也未必不獲利，是大地的柔順之道發出光芒。

　　六三，蘊含剛美文彩、可以守持正固；或輔助君王的事業，成功不歸己有而謹守臣職至終。《象傳》說：蘊含剛美文彩、可以守持正固，說明六三應當根據時機發揮作用；或輔助君王的事業，說明六三

的智慧足以光大恢弘。

　　六四，束緊囊口，免遭咎害而不求讚譽。《象傳》說：束緊囊口、免遭咎害，說明六四必須小心謹慎才能不惹禍患。

　　六五，黃色裙裳，至為吉祥。《象傳》說：黃色裙裳而至為吉祥，說明六五以溫文之德守持中道。

　　上六，龍在原野上交合，流出青黃相雜的鮮血。《象傳》說：龍在原野上交合，說明上六的純陰之道已經發展窮盡。

　　用六，利於永久守持正固。《象傳》說：用（陰柔化陽剛的）六數而永久守持正固，說明陰柔以返回剛大為歸宿。

【原文】

　　文言曰：坤至柔而動也剛，至靜而德方。後得主而有常，含萬物而化光。坤道其順乎！承天而時行。

　　積善之家，必有餘慶。積不善之家，必有餘殃。臣弒其君，子弒其父，非一朝一夕之故，其所由來者漸矣！由辯之不早辯也。易曰履霜堅冰至，蓋言順也[1]。

　　直其正也，方其義也。君子敬以直內，義以方外，敬義立而德不孤。直方大，不習无不利，則不疑其所行也。

　　陰雖有美，含之以從王事，弗敢成也。地道也，妻道也，臣道也。地道无成而代有終也。

　　天地變化，草木蕃[2]。天地閉，賢人隱。易曰括囊，无咎无譽，蓋言謹也。

　　君子黃中通理[3]，正位居體，美在其中，而暢於四支[4]，發於事業，美之至也！

　　陰疑於陽必戰[5]。為其嫌於无陽也，故稱龍焉。猶未離其類也，故稱血焉。夫玄黃者，天地之雜也，天玄而地黃。

【注釋】

　　①順：循也，謂「沿循」。

②蓄：繁衍。

③理：文理。

④支：通「肢」。

⑤疑：通「凝」，此處猶言「凝情」。

【譯文】

《文言傳》說：大地極為柔順但變動時卻顯示出剛強，極為安靜但柔美的品德卻流布四方。隨從人後而有人作主，於是保持順德久長；包容一切而普載萬物，於是煥發無限光芒。大地的發展之道是多麼柔順啊！它稟承天的意志，順應四時運行得當。

修積善行的家族，必然留下許多慶祥；累積惡行的家族，必然留下許多禍殃。臣子弒殺君主，兒子弒殺父親，並非一朝一夕的緣故，作惡的由來是漸萌漸長，是由於君父不曾早日辨清真相。《周易》（的《坤》卦初六爻辭）說踩上微霜，將迎來堅冰百丈，大概是譬喻（陰惡事物的發展往往）沿循一定的趨向吧。

正直，表明品性純正；端方，表明行為適宜。君子恭敬不苟在乎內心正直，行為適宜便使外形端方。做到恭敬不苟而行為適宜，就能使美德廣布而不孤立。（《坤》卦六二爻辭說）正直、端方、宏大，不學習也未必不獲利，說明（美德充沛而）一切行為都無須疑慮。

陰柔在下者縱然有美德，應當含藏不露而用來輔助君王的事業，不敢把成功歸屬己有。這是地順天的道理，妻從夫的道理，臣忠君的道理。（六三喻示）地順天的道理正體現於不以成功自居而要替天效勞以奉事至終。

天地運轉變化，草木繁衍旺盛；天地閉塞不通，賢人隱退匿跡。《周易》（的《坤》卦六四爻辭）說束緊囊口，免遭咎害而不求讚譽，大概是譬喻謹慎處世的道理吧。

（六五喻示）君子具備的美德好比中和的黃色而通達文理，他身居正確的位置，才華純美而蘊存在內心，暢流於四肢，發揮於事業：這是最高境界的美德啊！

陰氣凝情於陽氣必然相互交合。（作《易》者）是怕讀者疑惑於《坤》卦沒有陽爻，所以在上六爻辭中稱「龍」（代表陽）；又因為陰氣從來都不曾離失其配偶陽，所以在爻辭中稱「血」（代表陰陽交合）。至於血的顏色為青黃相雜，這是表明天地陰陽之氣交互混合：天為青色而地為黃色啊。

【綜論】

《周易》以《坤》卦繼《乾》卦之後，寓有「天尊地卑」、「地以承天」的意旨。卦辭強調要像「雌馬」一樣守正，要隨從人後，要由人作主，要守持正固可獲吉祥，均已明示柔順之義。六爻進一步抒發「陰」在附從「陽」的前提下的發展變化規律。其中六二處下守中，六五居尊謙下，三、四或「奉君」、或「退處」，皆呈順德；而初六踩上微霜而迎來堅冰，上六巨龍在原野交合，兩相對照，又深刻體現了陰氣積微必著，盛極返陽的辯證思想。《繫辭上傳》曰：「一陰一陽之謂道。」《周易》一書發端於《乾》、《坤》兩卦，正反映了作者對陰陽辯證關係具有一定深度的認識。

ᕲ 屯卦第三 ᕲ

【題解】

此卦下震（☳），上坎（☵），象徵「初生」。全卦大旨在於闡明事物初創的艱難，勉人掌握「草創」之時的發展規律而進取。

【原文】

☵ 屯[①]，元亨，利貞，勿用有攸往，利建侯。

象曰：屯，剛柔始交而難生。動乎險中，大亨貞。雷雨之動滿盈，天造草昧，宜建侯而不寧。

象曰：雲雷，屯；君子以經綸②。

初九，盤桓，利居貞，利建侯。象曰：雖盤桓，志行正也。以貴下賤，大得民也。

六二，屯如，邅如③，乘馬班如，匪寇婚媾④。女子貞不字⑤，十年乃字。象曰：六二之難，乘剛也。十年乃字，反常也⑥。

六三，即鹿无虞⑦，惟入于林中。君子幾，不如舍，往吝⑧。象曰：即鹿无虞，以從禽也⑨。君子舍之，往吝窮也。

六四，乘馬班如，求婚媾。往吉，无不利。象曰：求而往，明也。

九五，屯其膏，小貞吉，大貞凶。象曰：屯其膏，施未光也。

上六，乘馬班如，泣血漣如。象曰：泣血漣如，何可長也？

【注釋】

①屯（ㄓㄨㄣ）：《說文》：「難也，象草木之初生，屯然而難。」其本義為「初生」，兼含「艱難」之義。

②經綸：《說文》：「經，織從線也……綸，青絲綬也。」兩字連用，即以治絲喻治國。

③邅（ㄓㄢ）：難行不進之貌。

④匪：通「非」。

⑤字：古代女子許嫁之稱。

⑥反：通「返」。

⑦虞：虞人，古代掌山澤之官。

⑧吝：《說文》：「恨惜也。」即憾惜。

⑨從：猶言追捕。　禽：兼指禽獸。

【譯文】

䷂　《屯》卦象徵初生：至為亨通，利於守持正固；不宜有所前往，利於建立諸侯。

《彖傳》說：初生，譬如陽剛陰柔開始相交而艱難隨著萌生；這

是在危險中變動發展，前景儘管大為亨通卻要守持正固。每當雷雨將作而烏雲雷聲充盈宇宙間，恰似大自然締造萬物於草創之際、冥昧之時的情狀；（這時候王者）應當建立諸侯治理天下而不可安居無事。

《象傳》說：烏雲雷聲交動，象徵初生；君子因此（在局勢初創之際）努力經略天下大事。

初九，徘徊流連，利於靜居守持正固，利於（王者）建立諸侯。《象傳》說：儘管徘徊流連，但心志行為能保持端正；身分尊貴卻下居卑位，說明初九可以大得民心。

六二，初創之時多麼艱難，回復彷徨不前。有人遠來乘馬班班，並非強寇而是聘求婚姻者；女子守持正固不急出嫁，久待十年才締結良緣。《象傳》說：六二難行不進，是由於陰柔乘凌陽剛之上；久待十年才締結良緣，說明難極轉通而事理又恢復正常。

六三，追逐山鹿沒有虞人引導，只是空入茫茫林海；君子應當見機行事，此時莫如捨棄不逐，要是一意前往必有憾惜。《象傳》說：追逐山鹿沒有虞人引導，說明（貪於）追捕禽獸；君子捨棄不逐，說明一意往前追逐必有憾惜而終致窮困。

六四，乘馬班班，欲求婚配；前往必獲吉祥，無所不利。《象傳》說：有求於下而前往，說明六四是明智的。

九五，克服初創時的艱難而即將廣施利澤，柔小者守持正固可獲吉祥，剛大者守持正固以防凶險。《象傳》說：克服初創時的艱難而即將廣施利澤，說明九五所施德澤尚未發揚光大。

上六，乘馬班班欲求偶，（但不獲感應而）傷心泣血淚橫流。《象傳》說：傷心泣血淚橫流，上六又怎會長久如此呢？

【綜論】

《屯》卦喻示的是事物的「初生」情狀，而大義則是闡明「初創艱難」之旨。卦辭認為，初創之舉雖多艱難，若能把握正確的規律，居正「建侯」，廣資輔助，前景必將充滿光明。六爻爻辭均圍繞物之「初生」、時之「草創」，明其吉凶利咎，大旨無不強調守正慎行。

從哲學內涵分析，全卦所明「初生」、「艱難」的本義，是勉勵人沿著「草創」之時的發展趨勢，謹慎地開拓進取，以求得「亨通」為最終目的。可見，《屯》卦的積極意義，在於指明「初生」事物的發展前景，展示「君子有為之時」開屯致通的途徑。

⊱ 蒙卦第四 ⊰

【題解】

此卦下坎（☵）上艮（☶）（《ㄣˇ），象徵「蒙稚」。全卦義旨是揭示「啟蒙發智」的道理，其中既有為師之道，又有求學之道，反映了作《易》者一定程度的教育思想。

【原文】

☶ 蒙，亨。匪我求童蒙，童蒙求我。初筮告[①]，再三瀆，瀆則不告。利貞。

彖曰：蒙，山下有險，險而止，蒙。蒙亨，以亨行時中也。匪我求童蒙，童蒙求我，志應也。初筮告，以剛中也。再三瀆，瀆則不告，瀆蒙也。蒙以養正，聖功也。

象曰：山下出泉，蒙；君子以果行育德[②]。

初六，發蒙，利用刑人[③]，用說桎梏[④]。以往吝。象曰：利用刑人，以正法也。

九二，包蒙，吉。納婦，吉。子克家。象曰：子克家，剛柔接也。

六三，勿用取女[⑤]，見金夫，不有躬，无攸利。象曰：勿用取女，行不順也。

六四，困蒙，吝。象曰：困蒙之吝，獨遠實也。

六五，童蒙，吉。象曰：童蒙之吉，順以巽也[⑥]。

上九，擊蒙。不利為寇，利禦寇。象曰：利用禦寇，上下順也。

【注釋】

①筮（ㄕˋ）：用蓍草演卦占問。此處特指學子問疑求決。

②果行：猶言「果決其行」。

③刑：通「型」。

④說（ㄊㄨㄛ）：通「脫」。

⑤取：通「娶」。

⑥巽（ㄒㄩㄣˋ）：謙遜。

【譯文】

☶　《蒙》卦象徵蒙稚：亨通。並非我強求幼童來啟發蒙稚，而是幼童需要啟發蒙稚有求於我；初次求問施以教誨，接二連三地濫問是瀆亂學務，瀆亂就不予施教。利於守持正固。

《彖傳》說：蒙稚，譬如高山下有險阻，遇險止步而彷徨不前，正像蒙稚的情狀。蒙稚，可致亨通，說明可以順沿亨通之道施行啟蒙並把握適中的時機。並非我強求幼童來啟發蒙稚，而是幼童需要啟發蒙稚有求於我，於是雙方的志趣就能相應。初次求問施以教誨，表明蒙師有陽剛氣質而行為適中；接二連三地濫問是瀆亂學務，瀆亂就不予施教，因為瀆亂了啟迪蒙稚的正常程序。蒙稚之時正可以培養純正無邪的品質，這是聖人的功業。

《象傳》說：高山下流出泉水，象徵漸啟蒙稚；君子因此果決地堅定自己的行為而培養自身美德。

初六，啟發蒙稚，利於樹立典型教育人，使人免犯罪惡；要是急於往前進取必有憾惜。《象傳》說：利於樹立典型教育人，是為了讓人就範於正確的法則。

九二，包容培育一群蒙稚者，吉祥。像納妻室一樣（獲得賢者為學子），吉祥；又像身為兒輩卻能治家。《象傳》說：身為兒輩卻能治家，說明九二陽剛和六五陰柔互為應接。

六三，不宜娶這女子，她眼中所見只是美貌郎君，不顧自身體統，娶她無所利益。《象傳》說：不宜娶這女子，說明六三行為不順合禮節。

六四，困陷於蒙稚，有所憾惜。《象傳》說：困陷於蒙稚的憾惜，說明六四獨自遠離剛健篤實的蒙師。

六五，幼童的蒙稚（正受啟發），吉祥。《象傳》說：幼童的蒙稚（正受啟發）而能獲得吉祥，是由於六五（對蒙師）恭順謙遜。

上九，猛烈敲擊以啟發蒙稚；不利於運用強寇暴起的激烈方式（治蒙），而利於採用抵禦強寇的方式。《象傳》說：利於採用抵禦強寇的方式（治蒙），這樣可以使上下的意志順應和諧。

【綜論】

《蒙》卦的旨趣，主於啟發「蒙稚」。《大象傳》從「山下有泉」引出「君子」要果斷決定其行動以培養美德的意義，正說明「啟蒙發智」需要堅毅的心志和長期的過程。卦辭一方面體現「尊師敬學」的思想，另一方面展示了啟發引導式的教學原則。卦中六爻，二陽爻喻「師」，四陰爻喻「蒙童」；諸爻之旨，均緊扣「教」「學」兩端，抒發作者頗具辯證因素的教育思想。因此，僅從考究我國古代教育思想史的角度看，本卦便含有不可忽視的重要價值。

❧ 需卦第五 ❧

【題解】

此卦下乾（☰）上坎（☵），象徵「需待」。全卦闡明事物在發展過程中有時需耐心待時的道理。

【原文】

䷄　需，有孚①，光亨，貞吉，利涉大川。

彖曰：需，須也；險在前也，剛健而不陷，其義不困窮矣。需，有孚，光亨，貞吉，位乎天位，以正中也。利涉大川，往有功也。

象曰：雲上于天，需；君子以飲食宴樂。

初九，需于郊，利用恆，无咎。象曰：需于郊，不犯難行也。利用恆无咎，未失常也。

九二，需于沙，小有言，終吉。象曰：需于沙，衍在中也②。雖小有言，以吉終也③。

九三，需于泥，致寇至。象曰：需于泥，災在外也。自我致寇，敬慎不敗也。

六四，需于血，出自穴。象曰：需于血，順以聽也。

九五，需于酒食，貞吉。象曰：酒食貞吉，以中正也。

上六，入于穴，有不速之客三人來④，敬之，終吉。象曰：不速之客來，敬之終吉。雖不當位，未大失也。

【注釋】

①孚（ㄈㄨˊ）：信也。

②衍（ㄧㄢˇ）：寬衍，寬綽。

③吉終：原刻作「終吉」，據阮元《十三經注疏校勘記》校改。

④速：召，請。

【譯文】

䷄　《需》卦象徵需待：心懷誠信，光明亨通，守持正固可獲吉祥，利於涉越大河巨流。

《彖傳》說：「需」，意思是有所期待；譬如艱難險阻正在前方，剛強健實而不陷入厄境，因為待時適宜便不致路困途窮。需待（之時），心懷誠信，光明亨通，守持正固可獲吉祥，說明九五居於

天位，而且處身正中。利於涉越大河巨流，表明此時一往直前可獲成功。

《象傳》說：雲氣上集於天（待時降雨），象徵需待；君子因此待時飲用食物而舉宴作樂。

初九，在郊外需待，利於保持恆心，必無咎害。《象傳》說：在郊外需待，說明初九不朝著險難之處前行；利於保持恆心、必無咎害，說明初九未曾離失常理。

九二，在沙坑需待，略受言語中傷；堅持需待，至終必獲吉祥。《象傳》說：在沙灘需待，說明九二寬綽不躁而平和居中；儘管略受言語中傷，但能堅持需待必將以獲得吉祥告終。

九三，在泥坑需待，招致強寇到來。《象傳》說：在泥坑需待，說明九三的災禍尚在身外；自我招致強寇，說明九三要敬謹審慎才能避免危敗。

六四，在血泊中需待，從陷穴裡脫出。《象傳》說：在血泊中需待，說明六四（冷靜期待而）順從聽命於時勢。

九五，需待於酒醪食肴，守持正固可獲吉祥。《象傳》說：（需待於）酒醪食肴而守持正固可獲吉祥，說明九五居中得正。

上六，落入陷穴，不召而至的三位客人來訪；恭敬相待，終將獲得吉祥。《象傳》說：不召而至的客人來訪，說明此時恭敬相待終將獲得吉祥；儘管上六處位不妥當，但未至於遭受重大損失。

【綜論】

《需》卦闡發「需待」的意義。從卦辭看，所謂「亨通」、「吉祥」、「利於涉越大河巨流」，即是守正待時所致。從六爻看，不論陰陽剛柔，都希冀它們能容忍守靜，敬慎待時，這樣就能或吉、或無咎、或化險為夷，皆不呈凶象。《論語・子罕》有一則記載，子貢問孔子：「你要是有一塊美玉，是藏起來呢，還是賣給識貨的商人？」孔子回答：「賣掉吧，我要等到有好商人就賣給他。」孔子的意思是「畜德待用」，這一點，實與《需》卦「守正待時」的旨趣相貼近。

✑ 訟卦第六 ✑

【題解】

　　此卦下坎（☵）上乾（☰），象徵「爭訟」。全卦展示了置身訟事、審理訟事時必須明瞭的諸方面規律或道理，重在誡人止訟免爭。

【原文】

　　☰　訟，有孚窒惕，中吉，終凶。利見大人，不利涉大川。

　　彖曰：訟，上剛下險，險而健，訟。訟，有孚窒惕，中吉，剛來而得中也。終凶，訟不可成也。利見大人，尚中正也。不利涉大川，入于淵也。

　　象曰：天與水違行，訟；君子以作事謀始。

　　初六，不永所事。小有言，終吉。象曰：不永所事，訟不可長也。雖小有言，其辯明也。

　　九二，不克訟，歸而逋①，其邑人三百戶，无眚②。象曰：不克訟歸逋，竄也。自下訟上，患至掇也③。

　　六三，食舊德，貞厲，終吉。或從王事，无成。象曰：食舊德，從上吉也。

　　九四，不克訟。復即命，渝④，安貞吉。象曰：復即命，渝，安貞不失也。

　　九五，訟，元吉。象曰：訟元吉，以中正也。

　　上九，或錫之鞶帶⑤，終朝三褫之⑥。象曰：以訟受服，亦不足敬也。

【注釋】

　　①逋（ㄅㄨ）：逃亡。

　　②眚（ㄕㄥˇ）：災也，猶言禍患。

　　③掇（ㄉㄨㄛˊ）：假借為「輟」（ㄔㄨㄛˋ），謂中止。

④渝：變也。

⑤鞶（ㄆㄢˊ）帶：《説文》：「鞶，大帶也。」此以顯貴的服飾喻指高官厚祿。

⑥褫（ㄔˇ）：奪也。

【譯文】

䷅　《訟》卦象徵爭訟：這是誠信被窒塞而心有惕懼（所導致的），持中不偏可獲吉祥；始終爭訟不息則有凶險。利於出現大人，不利於涉越大河巨流。

《彖傳》說：爭訟，譬如陽剛居上而險陷在下，臨險而強健，就能爭訟。爭訟，就是誠信被窒塞而心有惕懼（所導致的），持中不偏可獲吉祥，說明陽剛前來（處險）而保持適中。始終爭訟不息則有凶險，說明窮極爭訟不能成功。利於出現大人，說明決訟崇尚守正持中。不利於涉越大河巨流，說明（恃剛乘險）將陷入深淵。

《象傳》說：天西轉與水東流背道而行，象徵（不和睦而）爭訟；君子因此辦事先考慮其初（以杜絕爭訟的本源）。

初六，不長久地糾纏於爭訟事端，此時略受言語中傷，終將獲得吉祥。《象傳》說：不長久地糾纏於爭訟事端，表明爭訟不可長久不停；儘管此時略受言語中傷，但初六透過辨析終將分明。

九二，爭訟失利，逃竄速歸，那是三百戶人家的小邑，（居此）不遭禍患。《象傳》說：爭訟失利，就應當逃竄速歸；居下與尊上爭訟，說明九二災患臨頭，（但及時躲避）而又中止。

六三，安享舊日的德業，守持正固以防危險，終將獲得吉祥；或輔助君王的事業，成功不歸己有。《象傳》說：安享舊日的德業，表明六三順從陽剛尊上可獲吉祥。

九四，爭訟失利；回心歸就正理，改變（爭訟的）念頭，安順守持正固可獲吉祥。《象傳》說：回心歸就正理以改變（爭訟的）念頭，說明九四安順守持正固必無損失。

九五，（明決）爭訟，至為吉祥。《象傳》說：（明決）爭訟而

至為吉祥，表明九五居中持正。

　　上九，偶或（憑藉勝訟）被賞賜飾有大帶的顯貴之服，但在一天內被三次剝奪。《象傳》說：由於爭訟（獲勝）而受賜官祿，這也不值得尊敬。

【綜論】

　　《訟》卦不是教人如何「爭訟」，而是告誡人們要止訟息爭。卦辭一方面指出：必須在「信實」被阻塞的情形下才能「起訟」；另一方面說明：處身訟事應當持「中」，若強訟不止必凶。卦中九五喻聽訟尊主，以陽剛中正獲吉；餘五爻皆身繫訟事，初、二、三、四處之得體故或吉或無危，唯上九窮訟不已而自取其辱。當然，若要杜絕爭訟，務必治本，《大象傳》提出「辦事先考慮其初」的觀點，即是強調止訟於未萌之時的重要性。孔子說：「聽訟，吾猶人也。必也使無訟乎。」（《論語·顏淵》，又見《禮記·大學》）似可視為本卦的象外之旨。

❧ 師卦第七 ❧

【題解】

　　此卦下坎（☵）上坤（☷），象徵「兵眾」。全卦闡發行師、擇將、進退等方面的用兵規律，含有某些可資借鑒的古代兵法及軍事思想的因素。

【原文】

　　☷ 師，貞，丈人吉[①]，无咎。

　　彖曰：師，眾也。貞，正也。能以眾正，可以王矣。剛中而應，行險而順，以此毒天下[②]，而民從之，吉又何咎矣！

象曰：地中有水，師；君子以容民畜眾③。

初六，師出以律，否臧凶④。象曰：師出以律，失律凶也。

九二，在師⑤，中吉，无咎。王三錫命。象曰：在師中吉，承天寵也。王三錫命，懷萬邦也。

六三，師或輿尸，凶。象曰：師或輿尸，大无功也。

六四，師左次⑥，无咎。象曰：左次无咎，未失常也。

六五，田有禽，利執言⑦，无咎。長子帥師⑧，弟子輿尸，貞凶。象曰：長子帥師，以中行也。弟子輿尸，使不當也。

上六，大君有命，開國承家⑨，小人勿用。象曰：大君有命，以正功也。小人勿用，必亂邦也。

【注釋】

①丈人：猶言「賢明長者」。

②毒：《説文》解釋為「害人之草」，引申為攻治、攻伐之意。

③畜：畜聚，聚養。

④臧（ㄗㄤ）：善也。

⑤在師：猶言視師，率師。在，讀如「在視」之「在」。

⑥左次：撤退。

⑦言：助詞。

⑧長子：謂剛正長者。與前文「丈人」義略同。

⑨開國：謂封為諸侯。承家：謂封為卿、大夫。

【譯文】

　　▤　《師》卦象徵兵眾：守持正固，賢明長者（統兵）可獲吉祥，必無咎害。

　　《彖傳》說：「師」，是部屬眾多的意思；「貞」，是守持正固的意思。能夠讓眾多部屬堅守正道，就可以（使軍隊）成為王者之師了。恰如剛健居中者在下相應於尊者，履行危險之事而順合正理，憑藉這些來攻伐天下，百姓紛紛服從，勢必獲得吉祥而又有什麼咎害

呢？

　　《象傳》說：地中藏聚著水源，象徵兵眾；君子因此廣容百姓而聚養眾人。

　　初六，兵眾出發要用法律號令來約束，軍紀不良必有凶險。《象傳》說：兵眾出發要用法律號令來約束，表明若喪失軍紀必有兇險。

　　九二，統率兵眾，持中不偏可獲吉祥，必無咎害；君王多次加以獎賞而委以重任。《象傳》說：統率兵眾持中不偏可獲吉祥，說明九二承受「天子」的寵信；君王多次加以獎賞而委以重任，表明有平定天下萬方的志向。

　　六三，兵眾時而載運屍體歸來，有凶險。《象傳》說：兵眾時而載運屍體歸來，足見六三不太可能獲得戰功了。

　　六四，兵眾撤退暫守，免遭咎害。《象傳》說：撤退暫守免遭咎害，說明六四（用兵）不失通常之法。

　　六五，田中有禽獸，利於捕取，無所咎害；委任剛正長者可以統率兵眾，委任無德小子必然載運屍體（敗績歸來），守持正固以防凶險。《象傳》說：委任剛正長者可以統率兵眾，表明六五的行為居中不偏；委任無德小子必然載運屍體（敗績歸來），這是用人不得當的結果。

　　上六，天子頒發命令，封賞功臣為諸侯或卿大夫，小人不可重用。《象傳》說：天子頒發命令，是為了論定功勳；小人不可重用，說明（若用小人）必將危亂邦國。

【綜論】

　　《師》卦揭示用兵規律。卦辭強調兩點：一、用兵的前提在「正」，二、出師勝負的關鍵繫於擇將得當與否。六爻之中，或言君主擇將的標準，或言主帥成功的條件，或言嚴明軍紀的必要，或言失利敗績的教訓，或言撤兵退守的情狀，或言論功行賞的法則。從卦中所示用兵要旨看，此卦堪稱為一部古代兵法的總綱；若從全卦所反映的用兵須「正」的原則看，又可視為作《易》者軍事思想的提要。

❧ 比卦第八 ❧

【題解】

　　此卦下坤（☷）上坎（☵），象徵「親密比輔」。全卦展示事物上下、彼此之間相親相比的道理，其要旨涉及人與人的關係這一具有普遍意義的問題。

【原文】

　　☷　比①，吉。原筮②，元永貞③，无咎。不寧方來，後夫凶。

　　彖曰：比，吉也。比，輔也，下順從也。原筮，元永貞，无咎，以剛中也。不寧方來，上下應也。後夫凶，其道窮也。

　　象曰：地上有水，比；先王以建萬國，親諸侯。

　　初六，有孚比之，无咎。有孚盈缶④，終來有它，吉。象曰：比之初六，有它吉也。

　　六二，比之自內，貞吉。象曰：比之自內，不自失也。

　　六三，比之匪人。象曰：比之匪人，不亦傷乎？

　　六四，外比之，貞吉。象曰：外比于賢，以從上也。

　　九五，顯比。王用三驅⑤，失前禽，邑人不誡，吉。象曰：顯比之吉，位正中也。舍逆取順，失前禽也。邑人不誡，上使中也。

　　上六，比之无首，凶。象曰：比之无首，无所終也。

【注釋】

　　①比：謂親比，親輔。

　　②原筮：孔穎達《周易正義》：「原窮其情，筮決其意。」即探求真情實意。

　　③元永貞：程頤《周易程氏傳》：「元，謂有君長之道；永，謂可以常久；貞，謂得正道。」猶言永久保持正道的有德君長。

　　④盈缶（ㄈㄡˇ）：用「美酒盈缸」喻「美德充盈天下」。

　　⑤三驅：三方驅圍。

【譯文】

　　☷　《比》卦象徵親密比輔，吉祥。原窮真情而筮決摯意，（相互親密比輔於）有德君長而永久不渝地守持正固，必無咎害。不獲安寧者多方前來（比輔），緩緩來遲者有凶險。

　　《彖傳》說：親密比輔，必獲吉祥。「比」，是親輔的意思，恰如在下者都能順從親輔於上。原窮真情而筮決摯意，（相互親密比輔於）有德君長而永久不渝地守持正固，必無咎害，說明（被比輔者）剛健居中。不獲安寧者多方前來（比輔），說明上者與下者相互應合；緩緩來遲者有凶險，說明遲緩必使親密比輔之道窮盡。

　　《象傳》說：地上佈滿水，（水與地相親無間）象徵親密比輔；先代君王因此封建萬國而親近諸侯。

　　初六，心懷誠信而親密比輔於君主，必無咎害；（君主的）誠信如美酒充盈缶缸，終於使遠者來歸而廣應親附於他方，吉祥。《象傳》說：置身比輔之初的初六爻，正當（九五之君）廣應於他方而必獲吉祥。

　　六二，從內部親密比輔於君主，守持正固可獲吉祥。《象傳》說：從內部親密比輔於君主，說明六二不曾自失正道。

　　六三，親密比輔於行為不正當的人。《象傳》說：親密比輔於行為不正當的人，豈不是可悲的事嗎？

　　六四，在外親密比輔於君主，守持正固可獲吉祥。《象傳》說：在外親密比輔於賢君，表明六四順從於尊上。

　　九五，光明無私地與人親比。恰如君王田獵時三方驅圍而網張一面，聽任前方的禽獸走失，屬下邑人也不相警備，吉祥。《象傳》說：光明無私地與人親比所獲的吉祥，表明九五居位剛正適中。捨棄違逆者取其順從者，於是能聽任前方的禽獸走失。屬下邑人也不相警備，這是君上使下屬保持中正之道。

　　上六，親比於人卻不領先居首，有凶險。《象傳》說：親比於人卻不領先居首，表明上六終將無所歸附。

【綜論】

　　《比》卦的要義，主於「親密比輔」。卦辭先總稱「比輔」之時可獲吉祥，又分敘「比道」的三大要素：一是選擇比輔的對象必須慎重，二是應當比輔於有德君長、永守正道，三是比輔宜速不宜緩。卦中六爻，九五陽剛居尊，如被人比輔之象；餘五爻陰柔分處上下卦，均為比輔於人之象。就六爻間的聯繫看，其大旨在於：不論「比」於人，還是被人「比」，均當正而不邪、順而不逆、明而不晦。當然，《比》卦的思想本質，似是偏向於為維護、穩固「上層統治」著想。荀子說：「六馬不和，則造父不能以致遠；士民不親附，則湯、武不能以必勝也。」（《荀子‧議兵》）此語與《比》卦的內在意義相合。

❦ 小畜卦第九 ❦

【題解】

　　此卦下乾（☰）上巽（☴），象徵「小有畜聚」。全卦揭示事物發展過程中「小畜大」、「陰畜陽」的道理，反映了特定條件下陰陽力量之間制約與被制約的某方面規律。

【原文】

　　☰ 小畜[①]，亨。密雲不雨，自我西郊。

　　彖曰：小畜，柔得位而上下應之，曰小畜。健而巽，剛中而志行，乃亨。密雲不雨，尚往也。自我西郊，施未行也。

　　象曰：風行天上，小畜；君子以懿文德[②]。

　　初九，復自道，何其咎？吉。象曰：復自道，其義吉也。

　　九二，牽復，吉。象曰：牽復在中，亦不自失也。

九三，輿說輻③，夫妻反目。象曰：夫妻反目，不能正室也。

六四，有孚。血去惕出④，无咎。象曰：有孚惕出，上合志也。

九五，有孚攣如⑤，富以其鄰。象曰：有孚攣如，不獨富也。

上九，既雨既處，尚德載。婦貞厲，月幾望。君子征凶。象曰：既雨既處，德積載也。君子征凶，有所疑也。

【注釋】

①小畜：兼有柔畜剛、陰畜陽、小畜大，以及所畜聚之數量微小等義。小謂柔小，微小。

②懿（ㄧ丶）：美也。

③說（ㄊㄨㄛ）：通「脫」。

④血：通「恤」。

⑤攣（ㄌㄩㄢˊ）：牽繫、牽連。

【譯文】

☰ 《小畜》卦象徵小有畜聚，亨通。濃雲密佈卻不降雨，（雲氣的升起）來自我方西邑郊外。

《彖傳》說：小有畜聚，猶如柔順者得位而上下陽剛與之相應，所以稱「小有畜聚」。又如強健而（被畜於）遜順，陽剛居中而志向可以施行，於是獲得亨通。濃雲密佈卻不降雨，表明（陽氣被畜聚未足）猶上行離去；（雲氣的升起）來自我方西邑郊外，說明（陰陽交和之功）方施而未暢行至極。

《象傳》說：和風飄行天上（微畜未發），象徵小有畜聚；君子因此修美文教道德（以待時）。

初九，復返自身陽剛之道，哪有什麼咎害呢？必有吉祥。《象傳》說：復返自身陽剛之道，表明初九行為適宜可獲吉祥。

九二，被牽連復返（陽剛之道），吉祥。《象傳》說：被牽連復返（陽剛之道）而居守中位，說明九二不能自失陽德。

九三，車輪輻條散脫解體，結髮夫妻反目離異。《象傳》說：結

髮夫妻反目離異，足見九三不能規正妻室。

六四，（陽剛正在）施予誠信。於是離去憂恤而脫出惕懼，必無咎害。《象傳》說：（陽剛正在）施予誠信而終能脫出惕懼，表明六四與（陽剛）尊上意志相合。

九五，心懷誠信而牽繫群陽（共信一陰），用陽剛充實增富近鄰。《象傳》說：心懷誠信而牽繫群陽（共信一陰），說明九五不獨享自身的（陽剛）富實。

上九，（密雲）已經降雨而（陽剛）已被畜止，至高極上的陽德被（陰氣）積載。此時婦人必須守持正固以防危險，要像月亮將圓（而不過盈）；君子若往前進發必遭凶險。《象傳》說：（密雲）已經降雨而（陽剛）已被畜止，可見此時陽德被（陰氣）積聚滿載。君子若往前進發必遭凶險，說明往前將（使陽質）被陰氣凝聚統化。

【綜論】

《小畜》卦所揭示「小有畜聚」的義理，實是陰陽矛盾相互作用的某方面規律。卦辭以「密雲不雨」為喻，正是強調「陰」只能在適宜的限度內畜聚「陽」，以略施濟助為己任，形成濃雲而不降雨的情狀：這是「小有畜聚」的至美之道。換言之，陰聚陽而不制陽，猶如臣畜君而不損君，於是「小畜」可致「亨通」。卦中五陽爻為被畜對象，六四陰爻為畜陽的主體。下卦三陽不宜被六四所畜，在於陽質尚弱，被畜必被制；上九居「小畜」窮極之際，深誠其被畜必凶；唯九五陽剛中正，與六四陰陽相得，誠信相推，成為「畜」與「被畜」之間最完美的象徵。可見，本卦雖以陰爻為主爻，其大旨還是以「扶陽」為根本歸宿。

∽ 履卦第十 ∾

【題解】

　　此卦下兌（☱）上乾（☰），象徵「小心行走」。全卦喻示事物的發展過程、人類的行為處事，必須謹遵一定的規律、循禮而行的道理。

【原文】

　　☰　〔履①〕：履虎尾，不咥人②，亨。

　　彖曰：履，柔履剛也。說而應乎乾③，是以履虎尾，不咥人，亨。剛中正，履帝位而不疚④，光明也。

　　象曰：上天下澤，履；君子以辯上下，定民志。

　　初九，素履，往无咎。象曰：素履之往，獨行願也。

　　九二，履道坦坦，幽人貞吉。象曰：幽人貞吉，中不自亂也。

　　六三，眇能視，跛能履。履虎尾，咥人，凶。武人為于大君。象曰：眇能視，不足以有明也。跛能履，不足以與行也。咥人之凶，位不當也。武人為于大君，志剛也。

　　九四，履虎尾，愬愬⑤，終吉。象曰：愬愬終吉，志行也。

　　九五，夬履⑥，貞厲。象曰：夬履貞厲，位正當也。

　　上九，視履考祥，其旋元吉。象曰：元吉在上，大有慶也。

【注釋】

　　①〔履〕：據宋代馮椅《厚齋易學》說補卦名「履」字。

　　②咥（ㄉㄧㄝˊ）：咬。

　　③說（ㄩㄝˋ）：通「悅」。

　　④疚：病，痛。

　　⑤愬愬（ㄙㄨˋ）：恐懼貌。此處兼含「謹慎」之義。

　　⑥夬（ㄍㄨㄞˋ）：通「決」，謂果決、決斷。

【譯文】

☰　《履》卦象徵小心行走：猶如小心行走在虎尾之後，猛虎不咬人，亨通。

《彖傳》說：「小心行走」，表明柔弱者小心行走在剛強者之後，以和悅應合強健，所以說猶如小心行走在虎尾之後，猛虎不咬人，亨通。又譬如陽剛居中守正者，小心踐行「天子」之位而行為無疵病，於是顯現出光明的道德。

《象傳》說：上為天、下為澤（尊卑有別），象徵（循禮）小心行走；君子因此辨別上下名分，端正百姓（循禮）的意志。

初九，樸素無華而小心行走，凡有所往必無咎害。《象傳》說：樸素無華又小心行走而有所前往，足見初九專心奉行（循禮的）意願。

九二，小心行走在平易坦坦的大道上，幽靜安恬之人守持正固可獲吉祥。《象傳》說：幽靜安恬之人守持正固可獲吉祥，表明九二不自我擾亂心中的信念。

六三，目眇能視，足跛強行。行走在虎尾之後，被猛虎咬齧，有凶險。勇武的人應當效力於大人君主。《象傳》說：目眇強視，不足以辨物分明。足跛強行，不足以踏上征程。（猛虎）咬人的凶險，表明六三居位不適當。勇武的人應當效力於大人君主，說明六三的內在志向剛強。

九四，小心行走在虎尾之後，長保戒懼謹慎，終將獲得吉祥。《象傳》說：長保戒懼謹慎而終將獲得吉祥，說明九四正在奉行（小心循禮的）志願。

九五，剛斷果決而小心行走，守持正固以防危險。《象傳》說：剛斷果決而小心行走，又能守持正固以防危險，表明九五居位正當。

上九，回顧小心行走的過程而考察禍福得失的徵驗，轉身（下應陰柔）至為吉祥。《象傳》說：至為吉祥而又高居上位，可見上九大有福慶。

【綜論】

《履》卦卦辭以「履虎尾、不咥人」為喻，形象地揭示出小心行走，雖危無害的寓意。卦中六爻，根據不同的地位、性質，分別陳述處「履」的情狀，其中五陽爻均以剛健善處其身，行不違禮，故多「無咎」、「吉祥」；唯六三陰柔躁進有「凶」，但也勉其改過歸正，以避凶危。全卦重在從正反兩方面示警，尤以「危辭」（「履虎尾」）設誠最深。所謂「《易》為憂患之作」，於此可見一斑

❀ 泰卦第十一 ❀

【題解】

此卦下乾（☰）上坤（☷），象徵「通泰」。全卦以上下交通、陰陽應合，闡明事物通泰，和美昌盛的規律。

【原文】

☷ 泰，小往大來，吉，亨。

彖曰：泰，小往大來，吉，亨，則是天地交而萬物通也，上下交而其志同也。內陽而外陰，內健而外順，內君子而外小人。君子道長，小人道消也。

象曰：天地交，泰；后以財成天地之道①，輔相天地之宜，以左右民②。

初九，拔茅茹，以其彙③，征吉。象曰：拔茅征吉，志在外也。

九二，包荒④，用馮河⑤，不遐遺。朋亡⑥，得尚於中行。象曰：包荒得尚於中行，以光大也。

九三，无平不陂，无往不復。艱貞无咎，勿恤其孚，于食有福。象曰：无往不復，天地際也。

六四，翩翩，不富以其鄰⑦，不戒以孚。象曰：翩翩不富，皆失實也。不戒以孚，中心願也。

六五，帝乙歸妹⑧，以祉元吉。象曰：以祉元吉，中以行願也。

上六，城復于隍⑨。勿用師，自邑告命⑩，貞吝。象曰：城復于隍，其命亂也。

【注釋】

①后：君主。　財：通「裁」。

②左右：即「佐佑」。

③彙：類也。

④荒：通「冗」。謂大川。

⑤馮（ㄆㄧㄥˊ）：通「淜」。猶言「涉越」。

⑥亡：即「無」。

⑦以：與也。

⑧帝乙：商代帝王之名，或謂商湯，或以為商紂王之父。歸：古代女子出嫁之稱。妹：女子後生之謂，猶言「少女」。「歸妹」意指「嫁出少女」。

⑨復：通「覆」。

⑩邑：通「挹」。謂挹損，減損。告：通「誥」。

【譯文】

☷ 《泰》卦象徵通泰：柔小者往外而剛大者來內，吉祥，亨通。

《彖傳》說：通泰，柔小者往外而剛大者來內，吉祥，亨通，這是表明天地陰陽交合而萬物的生養之道暢通，君臣上下交合而人們的思想意識協同。此時陽者居內而陰者居外，剛健者居內而柔弱者居外，君子居內而小人居外。於是君子之道盛長，小人之道消亡。

《象傳》說：天地交合，象徵通泰；君主因此裁節成就天地交通之道，輔助贊勉天地化生之宜，以此保佑天下百姓。

初九，拔起茅草而根繫相牽，這是同質類聚所致；往前進發可獲吉祥。《象傳》說：拔起茅草而往前進發可獲吉祥，表明初九的心志是向外進取。

　　九二，有籠括大川似的胸懷，可以涉越長河，遠方的賢者也無所遺棄。同時不結黨營私，能夠佑助行為持中的君主。《象傳》說：有籠括大川似的胸懷、能夠佑助行為持中的君主，足見九二（的道德）光明正大。

　　九三，平地無不化險陂，去者無不重回復。只要牢記艱難而守持正固就無所咎害，不怕不取信於人，食享俸祿自有福慶。《象傳》說：去者無不重回復，說明九三處在天地交接的邊際。

　　六四，連翩下降，虛懷不有富實，與近鄰未相告誡都心存誠信。《象傳》說：連翩下降而虛懷不有富實，表明（上卦陰爻）都損去了殷實。未相告誡都心存誠信，說明（陰爻）內心都有交應於下的心願。

　　六五，帝乙下嫁少女，以此獲得福澤而至為吉祥。《象傳》說：以此獲得福澤而至為吉祥，說明六五居中不偏以施行（交應於下的）心願。

　　上六，城牆傾覆到乾涸的城溝裡。此時不可出兵征戰，應當自行減損典誥政令，守持正固以免憾惜。《象傳》說：城牆傾覆到乾涸的城溝裡，可見上六的發展趨向已經錯亂轉化。

【綜論】

　　《泰》卦強調陰陽、上下相交，才能「通泰」和美。卦象天在下，地在上，已見其喻旨。卦中六爻，皆上下相應，深含「交通」之意。然而，六爻中誠意最深的當屬三、上兩爻所體現的「泰極否來」的哲理：九三是轉化的苗頭，以「平地化險陂，去者重回復」示警；上九是轉化的終極，以「城牆傾覆到城溝」見義。宋・朱熹指出：「此亦事勢之必然。治久必亂，亂久必治，天下無久而不變底道理。」（《朱子語類》）但此中亦戒人不可處泰而自逸，《論語・子

路》所謂「君子泰而不驕」，實可藉以印證《泰》卦寓含的「處泰慮否」的鑒誡意義。

❧ 否卦第十二 ❧

【題解】

此卦下坤（☷）上乾（☰），象徵「否閉」。全卦體現事物對立面之間不相應和、陰陽不合的情狀，揭示轉「否」為「泰」的義理。

【原文】

　　☷ 〔否①〕：否之匪人，不利，君子貞，大往小來。

　　彖曰：否之匪人，不利，君子貞，大往小來，則是天地不交而萬物不通也，上下不交而天下无邦也。內陰而外陽，內柔而外剛，內小人而外君子。小人道長，君子道消也。

　　象曰：天地不交，否；君子以儉德辟難②，不可榮以祿。

　　初六，拔茅茹，以其匯，貞吉，亨。象曰：拔茅貞吉，志在君也。

　　六二，包承，小人吉，大人否亨。象曰：大人否亨，不亂群也。

　　六三，包羞。象曰：包羞，位不當也。

　　九四，有命无咎，疇離祉③。象曰：有命无咎，志行也。

　　九五，休否，大人吉。其亡其亡，繫於苞桑。象曰：大人之吉，位正當也。

　　上九，傾否，先否後喜。象曰：否終則傾，何可長也？

【譯文】

　　①〔否〕（ㄆㄧˇ）：據馮椅《厚齋易學》說補卦名「否」字。

　　②辟：通「避」。

③疇：通「儔」。猶言眾類。離：通「麗」，依附。

【譯文】

☷ 《否》卦象徵否閉，否閉之世人道不通，天下無利，君子應當守持正固，此時剛大者往外而柔小者來內。

《彖傳》說：否閉之世人道不通，天下無利，君子應當守持正固，此時剛大者往外而柔小者來內，這是表明天地陰陽互不交合而萬物的生養之道不得暢通，君臣上下互不交合而天下離異不成邦國。陰者居內而陽者居外，柔弱者居內而剛強者居外，小人居內而君子居外。於是小人之道盛長，君子之道消亡。

《象傳》說：天地不相交合，象徵否閉；君子因此以節儉為德而避開危難，不可追求榮華而謀取祿位。

初六，拔起茅草而根繫相牽，這是同質類聚所致；守持正固可獲吉祥，亨通。《象傳》說：拔起茅草（而根繫相牽）、守持正固可獲吉祥，表明初六（守正不進）的心志是為君主著想。

六二，被包容而奉承尊者，小人獲得吉祥，大人否定此道可致亨通。《象傳》說：大人否定此道可致亨通，說明不能被（小人的）群黨所亂。

六三，被包容為非而終致羞辱。《象傳》說：被包容為非而終致羞辱，足見六三居位不正當。

九四，奉行（扭轉否道的）天命而無所咎害，眾類盡皆依附均獲福祉。《象傳》說：奉行（扭轉否道的）天命而無所咎害，表明九四（濟否）的志向正在施行。

九五，休止否閉局面，大人獲得吉祥。（但心中仍須自警：）將要滅亡、將要滅亡，就能像繫結於叢生的桑樹一樣安然無恙。《象傳》說：（九五）大人的吉祥，說明居位中正得當。

上九，傾覆否閉局勢，起先猶存否閉而最後通泰欣喜。《象傳》說：否閉終極必被傾覆，怎能保持久長呢？

【綜論】

事物有「泰」必有「否」，《否》、《泰》兩卦義正相反，可以對照理解。《否》卦之象天在上、地在下，兩不交通，可見「否閉」的喻旨。卦中下三爻，就陰柔者「處否」而言，主於警戒群陰守正勿進；上三爻，就陽剛者「濟否」而言，主於嘉勉群陽用力行志。全卦揭明：「否」時雖萬物閉塞不通，但「否極泰來」是事物發展的必然規律。因此，本卦的核心思想是教人當「否」之時，要有轉「否」成「泰」的毅力與信念，並給人帶來在「否閉」中走向「通泰」的信念。

❧ 同人卦第十三 ❧

【題解】

此卦下離（☲）上乾（☰），象徵「和同於人」。全卦揭示人們之間應當以正道和睦共處的道理，與古代的「大同」理想有相通之處。

【原文】

☰　〔同人①〕：同人于野，亨，利涉大川，利君子貞。

彖曰：同人，柔得位得中而應乎乾，曰同人。同人曰，同人于野，亨，利涉大川，乾行也。文明以健，中正而應，君子正也。惟君子為能通天下之志。

象曰：天與火，同人；君子以類族辨物②。

初九，同人于門，无咎。象曰：出門同人，又誰咎也？

六二，同人于宗，吝。象曰：同人于宗，吝道也。

九三，伏戎於莽，升其高陵，三歲不興。象曰：伏戎於莽，敵剛

也。三歲不興，安行也？

九四，乘其墉③，弗克攻④，吉。象曰：乘其墉，義弗克也。其吉，則困而反則也。

九五，同人，先號咷而後笑⑤，大師克相遇⑥。象曰：同人之先，以中直也。大師相遇，言相克也。

上九，同人于郊，无悔。象曰：同人于郊，志未得也。

【注釋】

①〔同人〕：據馮椅《厚齋易學》說補卦名「同人」二字。

②類族：類，猶言「類析」；族，「聚也」，意指人類「群體」。

③墉（ㄩㄥ）：城牆。

④克：能。

⑤號咷（ㄏㄠˊ ㄊㄠˊ）：大聲痛哭。

⑥大師：大軍。克：戰勝。

【譯文】

☰　《同人》卦象徵和同於人：在寬闊的原野和同於人，亨通，利於涉越大河巨流，利於君子守持正固。

《彖傳》說：和同於人，猶如柔順者處得正位而守持中道又能上應剛健者，於是能夠和同於人。和同於人，強調在寬闊的原野和同於人，亨通，利於涉越大河巨流，這是表明剛健者的求同心志在施行。稟性文明而又強健，行為中正而又互相應和，這恰是君子和同於人的純正美德。只有君子才能會通統一天下民眾的意志。

《象傳》說：天親和於火，象徵和同於人；君子因此分析人類群體而辨別各種事物（以審異求同）。

初九，剛出門口就能和同於人，必無咎害。《象傳》說：剛出門就能和同於人，又有誰會施加咎害呢？

六二，在宗族內部和同於人，有所憾惜。《象傳》說：僅在宗族內部和同於人，這是導致憾惜的所由之道。

　　九三，潛伏兵戎在草莽間，登上高陵（頻頻察看），三年也不敢興兵交戰。《象傳》說：潛伏兵戎在草莽間，說明九三前臨剛強之敵。三年也不敢興兵交戰，怎麼能貿然行進呢？

　　九四，乘據城牆之上，（悄然自守）不能進攻，吉祥。《象傳》說：乘據城牆之上，表明六三在「和同於人」的意義上是不能發動進攻的。之所以獲得吉祥，是由於困厄時能夠回頭遵循正確的法則。

　　九五，和同於人，起先痛哭號咷但後來欣喜歡笑，大軍出戰告捷而志同者相遇會合。《象傳》說：和同於人之先（痛哭號咷），表明九五中正誠直（急與人同）。大軍出戰才與志同者相遇，是說明九五（與敵對者）交戰獲勝。

　　上九，在荒遠的郊外和同於人，（雖未遇志同道合者也）不覺悔恨。《象傳》說：在荒遠的郊外和同於人，可見上九（與人和同的）志向未能實現。

【綜論】

　　《禮記‧禮運》提出「天下為公」的大同思想，實是古人的一種美好願望。《同人》卦所發義理，與之頗可相通。但要實現「同人」理想，卻不是輕而易舉的。卦中六爻展示了「同人」之時的曲折複雜情狀：初九僅獲「無咎」，六二未免「憾惜」，九三、九四爭相強同於人，九五遭厄之後才與人同，上九孤身遠遁、無人可同。可見，《周易》作者是在「同」與「爭」的尖銳矛盾中揭示出「同人」艱難的本質規律。尤其是三、四、五爻，以「兵戎」、「攻戰」設喻，更見「同人」過程中矛盾激化的程度。不過，從正面的宗旨分析，本卦所追求的廣泛「和同於人」的理想，在我國古代思想史上無疑具有一定的進步意義。

❧ 大有卦第十四 ❧

【題解】

　　此卦下乾（☰）上離（☲），象徵「大獲所有」。全卦揭明事物在昌盛富有之際，如何善處其時、長保所有的規律。

【原文】

　　☲ 大有，元亨。

　　彖曰：大有，柔得尊位，大中而上下應之，曰大有。其德剛健而文明，應乎天而時行，是以元亨。

　　象曰：火在天上，大有；君子以遏惡揚善，順天休命①。

　　初九，无交害，匪咎。艱則无咎。象曰：大有初九，无交害也。

　　九二，大車以載，有攸往②，无咎。象曰：大車以載，積中不敗也。

　　九三，公用亨于天子③，小人弗克。象曰：公用亨于天子，小人害也。

　　九四，匪其彭④，无咎。象曰：匪其彭，无咎，明辯晢也⑤。

　　六五，厥孚交如⑥，威如，吉。象曰：厥孚交如，信以發志也。威如之吉，易而无備也。

　　上九，自天祐之，吉无不利。象曰：大有上吉，自天祐也。

【注釋】

　　①休命：休美物之性命。休，用如動詞，猶言「休美」。

　　②攸：所。

　　③亨：通「享」。猶言「朝獻」。

　　④彭：盛多之狀。

　　⑤辯：通「辨」。晢（ㄒㄧ）：明智。

　　⑥厥：其。

【譯文】

☰　《大有》卦象徵大獲所有：至為亨通。

《彖傳》說：大獲所有，猶如陰柔者居得尊位，高大且能保持中道而上下陽剛紛紛相應，於是稱「大獲所有」。其時能夠秉持剛健而又文明的美德，順應天的規律而萬事按時施行，因此前景至為亨通。

《象傳》說：火焰高懸在天上（無處不照），象徵大獲所有；君子因此（在收穫眾多時）遏止邪惡而倡揚善行，順從天的意志而休美萬物性命。

初九，不交往不惹禍，自然不致咎害。但必須牢記艱難才能無所咎害。《象傳》說：置身大獲所有之時的初九爻，不交往必能不惹禍害。

九二，用大車運載（財富），有所前往，必無咎害。《象傳》說：用大車運載（財富），表明要積裝於正中不偏之處才不致危敗。

九三，王公向天子獻禮致敬，小人不能擔當大任。《象傳》說：王公向天子獻禮致敬，說明要是小人（當此大任）必致禍害。

九四，（富有而）不過盛，則無咎害。《象傳》說：（富有而）不過盛則無咎害，表明九四要有明辨事理（權衡自我處境）的智慧。

六五，其誠信足以接交上下，威嚴自顯，吉祥。《象傳》說：其誠信足以接交上下，說明六五用誠信啟發他人的忠信之志。威嚴自顯的吉祥，說明六五行為簡易而無所防備（但人自敬畏）。

上九，從上天降下祐助，吉祥而無所不利。《象傳》說：置身大有之時上九爻的吉祥，正是從上天降下的祐助所致。

【綜論】

天下昌盛富有，是自古以來人們的一種普遍心願。《大有》卦辭稱「大有」之時至為吉祥，正含盛讚「富有」之意。視卦中諸爻，雖處「大有」的情狀各不相同，但其義均主於妥善安保「富庶」。當然，全卦大旨並非僅僅示人居處「大有」之道。從卦象及諸爻爻象

看，實又喻示著「大有」之世的出現，與「政治昌明」的必然聯繫。宋·楊萬里指出：本卦「明主在上，群賢畢集，無一敗治之小人，無一害治之匪德」（《誠齋易傳》）。此說把「大有」視為「盛世明治」的直接體現。這一點，實為本卦象徵大義的一個重要側面。

～ 謙卦第十五 ～

【題解】

此卦下艮（☶）上坤（☷），象徵「謙虛」。全卦盛讚謙虛的美德，並示人處「謙」之道及其吉善之所在。

【原文】

☷☶　謙，亨，君子有終。

彖曰：謙，亨。天道下濟而光明，地道卑而上行。天道虧盈而益謙，地道變盈而流謙，鬼神害盈而福謙，人道惡盈而好謙。謙尊而光，卑而不可逾，君子之終也。

象曰：地中有山，謙；君子以裒多益寡[①]，稱物平施。

初六，謙謙君子，用涉大川，吉。象曰：謙謙君子，卑以自牧也。

六二，鳴謙[②]，貞吉。象曰：鳴謙，貞吉，中心得也。

九三，勞謙，君子有終，吉。象曰：勞謙君子，萬民服也。

六四，无不利，撝謙[③]。象曰：无不利，撝謙，不違則也。

六五，不富，以其鄰，利用侵伐，无不利。象曰：利用侵伐，征不服也。

上六，鳴謙，利用行師，征邑國[④]。象曰：鳴謙，志未得也。可用行師，征邑國也。

【注釋】

①裒（ㄆㄡˊ）：通「捊」（ㄆㄡˊ）。謂引取。

②鳴：指名聲外聞。

③撝（ㄏㄨㄟ）：《說文》釋為「裂也」。引申為敷散、發揮之義。

④邑國：外旁國邑，指較近之處。

【譯文】

　　䷎　《謙》卦象徵謙虛：亨通，君子能保持謙德至終。

　　《彖傳》說：為人謙虛，必致亨通。正如天的規律是下降濟物而天體愈顯光明，地的規律是低處卑微而地氣源源上升。天的規律是虧損盈滿而補益謙虛，地的規律是變易盈滿而充實謙虛，鬼神的規律是危害盈滿而施福謙虛，人類的規律是憎惡盈滿而愛好謙虛。謙虛的人高居尊位而道德更加光明，下處卑位而外物難以超越，只有君子能夠保持謙德至終啊。

　　《象傳》說：高山低藏在地中，象徵謙虛；君子因此引取多餘者而補充不足，權衡各種事物而公平地施予。

　　初六，謙而又謙的君子，可以涉越大河巨流，吉祥。《象傳》說：謙而又謙的君子，說明初六用謙卑來制約自己。

　　六二，謙虛名聲外聞，守持正固可獲吉祥。《象傳》說：謙虛名聲外聞而守持正固可獲吉祥，表明六二靠中心純正而贏得名聲。

　　九三，勤勞謙虛的君子，保持謙德至終，吉祥。《象傳》說：勤勞謙虛的君子，廣大百姓都服從他。

　　六四，無所不利，發揮謙虛的美德。《象傳》說：無所不利而發揮擴散謙虛的美德，表明六四不違背謙虛的法則。

　　六五，虛懷不有富實，與近鄰一起，利於出征討伐，無所不利。《象傳》說：利於出征討伐，說明六五是征伐驕橫不順者。

　　上六，謙虛名聲遠聞，利於出兵作戰，征討外旁國邑。《象傳》說：謙虛名聲遠聞，但上六的心志尚未完全實現。可以出兵作戰，但

此時只是征討外旁國邑。

【綜論】

「滿招損，謙受益」（《尚書·大禹謨》），是人所熟悉的名言。《謙》卦大義，即主於讚揚「謙虛」美德。卦辭所言「亨，君子有終」，正表明「謙」道美善可行。全卦六爻，一一揭示行謙必益的道理，爻辭非「吉」即「利」。元·胡一桂指出：「《謙》一卦六爻，下三爻皆吉而無凶，上三爻皆利而無害。《易》中吉利，罕有若是純全者：謙之效故如此也。」（《周易本義附錄纂疏》）但「謙」與「驕」又是對立並存的現象，欲使「天下歸謙」，必當平「驕」去「逆」。六五、上六兩爻有「征討」、「行師」之象，即顯此義。可見，《周易》作者在強調「謙」的思想的同時，還注意到排除驕逆的一面——這又是本卦辯證觀念的體現。

༄ 豫卦第十六 ༄

【題解】

此卦下坤（☷）上震（☳），象徵「歡樂」。全卦揭示物情「歡樂」所寓含的意義，以及處「樂」應當適中、不可窮歡極樂的道理。

【原文】

☷ 豫，利建侯行師。

彖曰：豫，剛應而志行，順以動，豫。豫，順以動，故天地如之，而況建侯行師乎？天地以順動，故日月不過，而四時不忒[1]。聖人以順動，則刑罰清而民服。豫之時義大矣哉！

象曰：雷出地奮，豫；先王以作樂崇德，殷薦之上帝[2]，以配祖考[3]。

初六，鳴豫，凶。象曰：初六鳴豫，志窮凶也。

六二，介於石，不終日，貞吉。象曰：不終日貞吉，以中正也。

六三，盱豫④，悔，遲有悔。象曰：盱豫有悔，位不當也。

九四，由豫，大有得。勿疑，朋盍簪⑤。象曰：由豫，大有得，志大行也。

六五，貞疾，恆不死。象曰：六五貞疾，乘剛也。恆不死，中未亡也。

上六，冥豫成，有渝无咎⑥。象曰：冥豫在上，何可長也？

【注釋】

①忒（ㄊㄜˋ）：差錯。

②殷：盛大。薦：獻。

③祖考：祖先。

④盱（ㄒㄩ）：《說文》釋為「張目」。

⑤盍（ㄏㄜˊ）：通「合」。

⑥渝：變。

【譯文】

☷　《豫》卦象徵歡樂：利於建立諸侯及出師征戰。

《彖傳》說：歡樂，譬如陽剛者與陰柔者相應而心志暢行，又順沿物性而動，就能導致歡樂。歡樂，既然是順沿物性而動，連天地的運行都像這樣，更何況建立諸侯及出師征戰這些事呢？天地順沿物性而動，所以日月周轉不致過失，四時更替不出差錯。聖人順沿民情而動，於是施用刑罰清明而百姓紛紛服從。「歡樂」之時包涵的意義多麼弘大啊！

《象傳》說：雷聲發出而大地振奮，象徵歡樂；先代君王因此製作音樂用來歌功頌德，透過隆盛的典禮獻祀天地，並讓祖先的神靈配合共用。

初六，沉溺於歡樂而自鳴得意，有凶險。《象傳》說：初六沉溺

於歡樂而自鳴得意，說明（歡樂之）志窮極必致兇險。

　　六二，耿介如石，不等候一天終竟（就悟知歡樂必須適中之理），守持正固可獲吉祥。《象傳》說：不等候一天終竟（就悟知歡樂必須適中之理）而守持正固可獲吉祥，表明六二居中持正。

　　六三，美目媚上尋求歡樂，必致悔恨，若是悔悟太遲必將又生悔恨。《象傳》說：美目媚上尋求歡樂而導致悔恨，說明六三居位不正當。

　　九四，人們依賴他喜獲歡樂，大有所得。秉性剛直不疑於人，友朋像頭髮括束於簪子一樣聚合相從。《象傳》說：人們依賴他喜獲歡樂而大有所得，表明九四的陽剛志向廣泛推行。

　　六五，守持正固防範疾病，必將長久康健不致喪亡。《象傳》說：六五應當守持正固防範疾病，說明此時陰柔乘凌陽剛（難免危患）。必將長久康健不致喪亡，說明居中不偏就未必敗滅。

　　上六，鑄成昏冥縱樂的惡果，及早改正則無咎害。《象傳》說：昏冥縱樂而高居上位，歡樂怎能保持長久呢？

【綜論】

　　《豫》卦所示「歡樂」之義，強調兩個要點：一是順性而樂、適可而止，二是與物同樂、廣樂天下。卦中六爻，九四一陽主於施樂，故全卦「歡樂」由之而得；五陰主於處樂，故吉凶得失不同。事實上，此卦雖立義於「樂」，但處處誡人不可窮歡極樂。深究物理，「憂」與「樂」本互相依存；視九四以廣施歡樂為己任而「大有所得」，足見作《易》者表露出一種使萬物去「憂」存「樂」的良好願望。宋·范仲淹抒發的「先天下之憂而憂，後天下之樂而樂」（《岳陽樓記》）的情懷，近似於九四爻義，其思想境界與《豫》卦的哲理頗可相互比較研析。

∽ 隨卦第十七 ∽

【題解】

此卦下震（☳）上兌（☱），象徵「隨從」。全卦展示事物當「隨從」之時，無論是人隨己、己隨人、下隨上、上隨下，均當以「從善」、「從正」為基本原則。

【原文】

☱ 隨，元亨，利貞，无咎。

彖曰：隨，剛來而下柔，動而說①。隨，大亨貞，无咎，而天下隨時。隨時之義大矣哉！

象曰：澤中有雷，隨；君子以向晦入宴息。

初九，官有渝②，貞吉。出門交有功。象曰：官有渝，從正吉也。出門交有功，不失也。

六二，係小子③，失丈夫④。象曰：係小子，弗兼與也。

六三，係丈夫，失小子。隨有求得，利居貞。象曰：係丈夫，志舍下也。

九四，隨有獲，貞凶。有孚在道，以明，何咎！象曰：隨有獲，其義凶也。有孚在道，明功也。

九五，孚于嘉，吉。象曰：孚于嘉，吉，位正中也。

上六，拘係之，乃從，維之⑤。王用亨于西山。象曰：拘係之，上窮也。

【注釋】

①說：通「悅」。

②官：官守，主守。此處猶言「思想觀念」。

③係（ㄒㄧˋ）：係屬：猶言「傾心附從」。小子：喻「初九」。

④丈夫：喻「九五」。

⑤維：以繩捆綁。

【譯文】

☷　《隨》卦象徵隨從：至為亨通，利於守持正固，必無咎害。

《彖傳》說：隨從，正如陽剛者前來謙居於陰柔之下，有所行動必然使人欣悅（而紛相隨從）。隨從，大為亨通而守持正固，必無咎害，於是天下萬物皆相互隨從於適宜的時機。隨從於適宜時機的意義多麼宏大啊！

《象傳》說：大澤中響著雷聲（澤隨雷動），象徵隨從；君子因此（隨著作息規律）在向晚時入室休息。

初九，思想觀念隨時改善，守持正固可獲吉祥。出門與人交往必能成功。《象傳》說：思想觀念隨時改善，說明初九隨從正道必獲吉祥。出門與人交往必能成功，說明其言行不致有過失。

六二，傾心附從小子，失去陽剛丈夫。《象傳》說：傾心附從小子，表明六二（既隨從於人則）無法多方兼獲親好。

六三，傾心附從陽剛丈夫，失去在下小子。隨從於人有求必得，利於安居守持正固。《象傳》說：傾心附從陽剛丈夫，表明六三的意念是捨棄在下的小子。

九四，（被人）隨從而頗有收穫，守持正固以防凶險。只要心懷誠信而合乎正道，立身光明磊落，又有什麼咎害呢？《象傳》說：（被人）隨從而頗有所獲，從九四所處地位這一意義看將有凶險。心懷誠信而合乎正道，這是九四立身光明磊落的功效。

九五，廣施誠信給美善者，吉祥。《象傳》說：廣施誠信給美善者而獲吉祥，足見九五居位正中不偏。

上六，拘禁強令附從，於是順服相隨，還得用繩索拴緊。君王（興師討逆）在西山設祭。《象傳》說：拘禁強令附從，說明上六居位極上而隨從之道窮盡。

【綜論】

　　《隨》卦揭示「隨從」的義理，集中體現著「從善」的宗旨。卦辭既高度讚美「隨從」之道，又強調以「正」相隨則無害的觀點。卦中六爻，初九、九五是全卦以「善」為「隨」的象徵主體，均獲吉祥；其餘諸爻，或有失有得，或守正可以化「凶」為「無咎」，或受強制才能從正：雖見不同的處「隨」情狀，但所發誠意，皆不離「正」字。全卦表露了《周易》作者處世、修身的哲學觀念。《孟子·公孫丑下》盛讚「七十子（孔子的七十二名高足）之服孔子」，實與本卦大旨相合，成為古人極為肯定的「從善」典範。

❧ 蠱卦第十八 ❧

【題解】

　　此卦下巽（☴）上艮（☶），象徵「拯弊治亂」。全卦揭明當事物出現弊亂之時，如何審慎拯治、撥亂反正的道理。

【原文】

　　☶ 蠱①，元亨。利涉大川。先甲三日，後甲三日。

　　彖曰：蠱，剛上而柔下，巽而止蠱。蠱，元亨而天下治也。利涉大川，往有事也。先甲三日，後甲三日，終則有始，天行也。

　　象曰：山下有風，蠱；君子以振民育德。

　　初六，幹父之蠱②，有子考③，无咎，屬終吉。象曰：幹父之蠱，意承考也。

　　九二，幹母之蠱，不可貞。象曰：幹母之蠱，得中道也。

　　九三，幹父之蠱，小有悔，无大咎。象曰：幹父之蠱，終无咎也。

六四，裕父之蠱，往見吝。象曰：裕父之蠱，往未得也。

六五，幹父之蠱，用譽。象曰：幹父用譽，承以德也。

上九，不事王侯，高尚其事。象曰：不事王侯，志可則也④。

【注釋】

①蠱（ㄍㄨˇ）：《說文》釋為「腹中蟲也」。引申為蠱害、蠱亂、蠱惑等義。卦名之旨則主於「拯弊治亂」。

②幹：匡正。

③考：此處是成就先業之義。

④則：效法。

【譯文】

≣　《蠱》卦象徵拯弊治亂：至為亨通。利於涉越大河巨流。應當預先思慮（喻示終始轉化的）「甲」日前三天的事狀，然後推求「甲」日後三天的治理措施。

《彖傳》說：拯弊治亂，猶如陽剛居上而陰柔處下，當物情馴順之時就能抑止弊亂。拯弊治亂，至為亨通而後乃見天下大治。利於涉越大河巨流，表明此時努力往前可以大有作為。應當預先思慮（喻示終始轉化的）「甲」日前三天的事狀，然後推求「甲」日後三天的治理措施，說明事物總是終結前事之後又開始新的發展，這是大自然的運行規律。

《象傳》說：山下吹來大風（物壞待治），象徵拯弊治亂；君子因此（於弊壞之世）努力振濟百姓而培育道德。

初六，匡正父輩的弊亂，兒子能夠成就先業，必無咎害，即使面臨險境也終將獲得吉祥。《象傳》說：匡正父輩的弊亂，表明初六的意願在於繼承前輩的成就。

九二，匡正母輩的弊亂，情勢不許可時（不強為而）守持正固以待時。《象傳》說：匡正母輩的弊亂，說明九二應當掌握剛柔適中的方法。

九三，匡正父輩的弊亂，稍有悔恨，卻無重大咎害。《象傳》說：匡正父輩的弊亂，說明九三最終必無咎害。

六四，寬裕不急地緩治父輩的弊亂，長此以往必然出現憾惜。《象傳》說：寬裕不急地緩治父輩的弊亂，表明六四長此以往將無法獲得治弊之道。

六五，匡正父輩的弊亂，備受稱譽。《象傳》說：匡正父輩（的弊亂）而備受稱譽，足見六五發揚自身美德以繼承先業。

上九，不從事王侯的事業，把自己（逍遙物外）的行為看得至高無上。《象傳》說：不從事王侯的事業，說明上九的高潔志向值得效法。

【綜論】

《蠱》卦極言「除弊治亂」的必要性與正確方法。卦辭指明「蠱亂」之時撥亂反正的亨通前景，又喻示鑒前戒後、謹始慎終的「治蠱」之道。六爻之中，除上九「蠱」極難治、獨避遠遁之外，餘五爻闡明在各種環境條件下治蠱的可行之道。若細加探尋諸爻取象於「子正父蠱」的蘊義，似可看出作《易》者意識到「弊亂」往往是積久而成的，甚或延續一代、兩代人，終至釀成大患。至於《大象傳》從「救世」的角度推衍出「振濟百姓，培育道德」的意義，點明「除弊治亂」的根本措施，則是古人汲取歷史和現實的教訓而總結出來的一條「政治理論」。

❧ 臨卦第十九 ❧

【題解】

此卦下兌（☱）上坤（☷），象徵「監臨」。全卦所示「臨物居上」之義，就古代政治而言，即是側重闡發「上統治下」、「尊統治

卑」的某些規律。

【原文】

䷒　臨①，元亨，利貞。至於八月有凶。

彖曰：臨，剛浸而長②，說而順③，剛中而應。大亨以正，天之道也。至於八月有凶，消不久也。

象曰：澤上有地，臨；君子以教思无窮，容保民无疆。

初九，咸臨④，貞吉。象曰：咸臨貞吉，志行正也。

九二，咸臨，吉无不利。象曰：咸臨，吉无不利，未順命也。

六三，甘臨，无攸利⑤。既憂之，无咎。象曰：甘臨，位不當也。既憂之，咎不長也。

六四，至臨，无咎。象曰：至臨，无咎，位當也。

六五，知臨⑥，大君之宜，吉。象曰：大君之宜，行中之謂也。

上六，敦臨，吉，无咎。象曰：敦臨之吉，志在內也。

【注釋】

①臨：《說文》釋為「監也」。謂監視臨察。

②浸：漸也。

③說：通「悅」。

④咸：通「感」。猶言感應。

⑤攸（一ㄡ）：所。

⑥知：即「智」。

【譯文】

䷒　《臨》卦象徵監臨：至為亨通，利於守持正固。要是時令發展到（陽氣日衰的）八月將有凶險。

《彖傳》說：監臨，恰如陽剛正氣日漸增長，（臨人者）和悅溫順，剛健者居中而上下相應（於是可以監臨於人）。大獲亨通又須守持正固，這才順合大自然的規律。要是時令發展到（陽氣日衰的）八

月將有凶險，則是因為接近消亡而好景不能長久。

《象傳》說：低澤之上有高地，象徵監臨；君子因此努力教導百姓而投入無窮的思慮，容納養育民眾而發揮無盡的美德。

初九，感應於尊者以施行監臨，守持正固可獲吉祥。《象傳》說：感應於尊者以施行監臨而守持正固可獲吉祥，說明初九的心志與行為端正不阿。

九二，感應於尊者以施行監臨，吉祥，無所不利。《象傳》說：感應於尊者以施行監臨而吉祥無所不利，表明九二並非僅僅順從於君命。

六三，靠甜言佞語監臨於眾，無所利益。要是已經憂懼自己的過失（而改正），則可免咎害。《象傳》說：靠甜言佞語監臨於眾，可見六三居位不正當。要是已經憂懼自己的過失（而改正），那咎害就不會久長。

六四，十分親近地監臨眾人，必無咎害。《象傳》說：十分親近地監臨眾人必無咎害，說明六四居位正當。

六五，聰慧明智而監臨眾人，大人君主正應當如此，吉祥。《象傳》說：大人君主正應當如此，是指出六五必須奉行持中不偏之道。

上六，溫柔敦厚而監臨眾人，吉祥，無所咎害。《象傳》說：溫柔敦厚而監臨眾人的吉祥，說明上六的心志繫於邦國天下。

【綜論】

《臨》卦所謂「監臨」，猶言「統治」。卦辭既讚美「監臨」之道，又誡「臨人」盛極必衰。六爻義理，則體現著兩方面旨趣：一、「臨人」除了必須根據不同的地位、條件採取不同的方法外，還要求在下者當以剛美感應於上，居上者當以柔美施惠於下；二、凡處「臨人」之時，只要善居其位，必將多吉，故六爻皆不言「凶」。可見，本卦的核心思想是為「臨人」、「治人」者著想。而《大象傳》所發「教民」、「保民」之義，又流露出在「治人」的同時必須注重「教育」作用，由此可印證古代政治與教育的密切關係。

❧ 觀卦第二十 ❧

【題解】

此卦下坤（☷）上巽（☴），象徵「觀仰」。全卦大義，重在闡發觀摩瞻仰美盛事物可以感化人心的深刻道理。

【原文】

䷓　觀，盥而不薦①，有孚顒若②。

彖曰：大觀在上，順而巽，中正以觀天下。觀盥而不薦，有孚顒若，下觀而化也。觀天之神道，而四時不忒。聖人以神道設教，而天下服矣。

象曰：風行地上，觀；先王以省方觀民設教。

初六，童觀，小人无咎，君子吝。象曰：初六童觀，小人道也。

六二，窺觀，利女貞。象曰：窺觀女貞，亦可醜也。

六三，觀我生③，進退。象曰：觀我生，進退，未失道也。

六四，觀國之光④，利用賓於王。象曰：觀國之光，尚賓也。

九五，觀我生，君子无咎。象曰：觀我生，觀民也。

上九，觀其生，君子无咎。象曰：觀其生，志未平也⑤。

【注釋】

①盥（ㄍㄨㄢˋ）：古代祭祀宗廟時用香酒澆灌地面以降神之禮。薦：祭祀中向神獻饗之禮。

②顒（ㄩㄥˊ）：敬也。

③我生：自我行為。

④光：指國家大治而呈現的光輝景象。

⑤平：安寧無為。

【譯文】

　　☷☷　《觀》卦象徵觀仰：當觀仰了祭祀開始時傾酒灌地的儀式，即可不觀後面的獻饗細節，心中已經充滿誠敬肅穆的情緒。

　　《彖傳》說：宏大壯觀的氣象總是呈現在崇高之處，譬如具備溫順和巽的美德，就可以讓天下人觀仰。觀仰之道，當觀仰了祭祀初始傾酒灌地的儀式，即可以不觀後面的獻饗細節，心中已經充滿誠敬肅穆的情緒，這是說明在下者透過觀仰能夠領受美好的教化。觀仰大自然運行的神妙規律，就能理解四季交轉毫不差錯的道理。聖人效法大自然的神妙規律以設立教化，於是天下萬民紛紛順服。

　　《象傳》說：和風吹行地上（萬物廣受感化），象徵觀仰；先代君王因此省巡萬方以觀察民風而設布教化。

　　初六，像幼童一樣觀仰景物，小人不致咎害，君子將有憾惜。《象傳》說：初六像幼童一樣觀仰景物，這是小人的淺見之道。

　　六二，暗中偷偷觀仰（美盛景物），利於女子守持正固。《象傳》說：暗中偷偷觀仰（美盛景物）而女子可以守持正固，這對男子來說卻是羞醜之事。

　　六三，觀仰（陽剛美德）並對照省察自己的行為，謹慎抉擇進退。《象傳》說：觀仰（陽剛美德）並對照省察自己的行為而謹慎抉擇進退，表明六三未失正確的觀仰之道。

　　六四，觀仰王朝的光輝盛治，利於成為君王的貴賓。《象傳》說：觀仰王朝的光輝盛治，說明此時王朝正禮尚賢賓。

　　九五，（受人）觀仰並對照省察自己的行為，君子必無咎害。《象傳》說：（受人）觀仰並對照省察自己的行為，說明九五應當透過觀察民風來自察己道。

　　上九，人們都觀仰他的行為，君子必無咎害。《象傳》說：人們都觀仰他的行為，說明上九（修美道德）的心志未可安逸鬆懈。

【綜論】

　　《觀》卦抒發「觀仰」美善之物以促進心靈感化的道理。卦辭取「觀禮」為喻，揭明「觀仰」之道當觀其最盛之情狀。對照《左傳・襄公二十九年》所載吳國季札觀樂於魯，有「觀止」之歎，其義與本卦大旨相合。卦中六爻，四陰主於自下觀上，二陽主於自上觀下。《毛詩大序》指出：「上以風化下，下以風刺上，主文而譎諫，言之者無罪，聞之者足以戒，故曰『風』。」此論是針對《詩經》的《國風》而發，但與《觀》卦「風行地上」之象及六爻的整體喻義頗有可通之處。

∾ 噬嗑卦第二十一 ∾

【題解】

　　此卦下震（☳）上離（☲），象徵「嚙合」。全卦大旨，以口中「嚙合」食物為喻，闡發「施用刑法」之義。

【原文】

　　䷔　噬嗑①，亨，利用獄。

　　彖曰：頤中有物②，曰噬嗑。噬嗑而亨，剛柔分，動而明，雷電合而章。柔得中而上行，雖不當位，利用獄也。

　　象曰：雷電，噬嗑；先王以明罰敕法。

　　初九，屨校滅趾③，无咎。象曰：屨校滅趾，不行也。

　　六二，噬膚，滅鼻，无咎。象曰：噬膚滅鼻，乘剛也。

　　六三，噬腊肉，遇毒。小吝，无咎。象曰：遇毒，位不當也。

　　九四，噬乾胏④，得金矢。利艱貞，吉。象曰：利艱貞吉，未光也。

六五，噬乾肉，得黃金。貞厲，无咎。象曰：貞厲无咎，得當也。

上九，何校滅耳⑤，凶。象曰：何校滅耳，聰不明也。

【注釋】

①噬嗑（ㄕˋ、ㄎㄜˋ）：噬，咬齧；嗑，合也。此卦之名，以口中齧物使合為喻，明施用刑法之義。

②頤：上下顎之間的總稱，猶言「口腔」。

③屨（ㄐㄩˋ）：古代用麻、葛等製成的鞋。引伸為「腳上套著⋯⋯」。校：木制刑具。

④胏（ㄗˇ）：帶骨的肉脯，有骨的乾肉。

⑤何：通「荷」。

【譯文】

☰ 《噬嗑》卦象徵嚙合：亨通，利於施用刑法。

《彖傳》說：口腔中有食物（正須咬合），稱為「嚙合」。嚙合而後亨通，猶如剛柔上下先各自分開，然後交相運動而（嚙合的意義）顯明，又如雷震閃電交擊互合而（嚙合的道理）昭彰。此時柔和者處得中道而向上奮行，儘管不當純柔之位（但正好剛柔兼濟），於是利於施用刑法。

《象傳》說：雷電交擊，象徵嚙合；先代君王因此嚴明刑罰而肅正法令。

初九，腳上套著刑具而傷滅腳趾，不致咎害。《象傳》說：腳上套著刑具而傷滅腳趾，說明初九將不再往前行走（重犯過失）。

六二，猶如咬齧柔嫩的皮膚（施刑順利），即使傷滅犯人的鼻樑，也不致咎害。《象傳》說：猶如咬齧柔嫩的皮膚（施刑順利）而傷滅犯人的鼻樑，表明六二乘凌於剛強者（務必用嚴刑服眾）。

六三，猶如咬齧堅硬的臘肉，肉中又遇到毒物（施刑不順利）。此時稍致憾惜，卻不遭咎害。《象傳》說：（猶如咬齧堅硬的臘肉而

肉中）遇到毒物，說明六三居位不妥當（以致受刑者生怨）。

九四，猶如咬齧乾硬帶骨的肉（施刑不順利），但擁有金質箭矢似的剛直氣魄。利於在艱難中守持正固，可獲吉祥。《象傳》說：利於在艱難中守持正，固可獲吉祥，說明九四的治獄之道尚未發揚光大。

六五，猶如咬齧乾硬的肉脯（施刑不甚順利），但擁有黃金似的堅剛中和氣魄。守持正固以防危險，可免咎害。《象傳》說：守持正固以防危險可免咎害，說明六五的行為符合正當的治獄之道。

上九，肩荷刑具，遭受傷滅耳朵的重罰，有凶險。《象傳》說：肩荷刑具而遭受傷滅耳朵的重罰，足見上九積惡不改太不聰明了。

【綜論】

《噬嗑》卦取象於「嚙合」，義主「施刑」。卦辭明示順從正確的規律「治獄」可致亨通。六爻之象，以初、上兩爻喻觸刑受罰，前者初犯能改則「無咎」，後者積罪深重致「凶險」。中四爻喻施刑於人，均流露著剛柔相濟的「治獄」之道。然而，四爻之位雖有高低之別，其「治獄」過程卻普遍存在著「咎害」、「憾惜」、「艱難」、「危險」的情狀，似乎表明《周易》作者深知治理刑獄之多艱。宋‧朱熹指出：「大抵才是治人，彼必為敵，不是易事……須以艱難正固處之。」（《朱子語類》）

❧ 賁卦第二十二 ❧

【題解】

此卦下離（☲）上艮（☶），象徵「文飾」。全卦闡發事物之間相為文飾的規律，主張恰如其分的裝飾，崇尚樸素自然之美。

【原文】

☲☶ 賁①，亨，小利有攸往。

彖曰：賁，亨，柔來而文剛，故亨。分剛上而文柔，故小利有攸往。〔剛柔交錯②，〕天文也。文明以止，人文也。觀乎天文，以察時變。觀乎人文，以化成天下。

象曰：山下有火，賁；君子以明庶政，无敢折獄。

初九，賁其趾，舍車而徒。象曰：舍車而徒，義弗乘也。

六二，賁其須。象曰：賁其須，與上興也。

九三，賁如，濡如③，永貞吉。象曰：永貞之吉，終莫之陵也。

六四，賁如，皤如④，白馬翰如。匪寇，婚媾。象曰：六四當位，疑也。匪寇婚媾，終无尤也。

六五，賁於丘園，束帛戔戔⑤。吝，終吉。象曰：六五之吉，有喜也。

上九，白賁，无咎。象曰：白賁无咎，上得志也。

【注釋】

①賁（ㄅㄧˋ）：《說文》釋為「飾也」。

②〔剛柔交錯〕：此四字據郭京《周易舉正》說補。

③濡：潤澤。

④皤（ㄆㄛˊ）：白色。

⑤戔戔（ㄐㄧㄢ）：淺少貌。

【譯文】

☲☶ 《賁》卦象徵文飾：亨通，柔小者利於有所前往。

《彖傳》說：文飾，亨通，恰似陰柔者前來文飾陽剛，（陰陽交飾）於是亨通。又分出陽剛居上文飾陰柔，所以柔小者利於有所前往。〔剛美和柔美交相錯雜，〕這是天的文彩。文章燦明止於禮義，這是人類的文彩。觀察天的文彩，可以知曉四季轉變的規律。觀察人

類的文彩，可以推行並促成天下的教化。

　　《象傳》說：山下燃燒著火焰（山形煥彩），象徵文飾；君子因此修明眾多的政務，但不敢（靠文飾）處理刑獄。

　　初九，文飾自身的足趾，捨棄大車而甘於徒步行走。《象傳》說：捨棄大車而甘於徒步行走，表明初九就身處卑位這一意義來說是不應該乘坐大車的。

　　六二，文飾尊者的美鬚。《象傳》說：文飾尊者的美鬚，說明六二與上者（九三）同心興起（而互為文飾）。

　　九三，文飾得那樣俊美，與人頻頻相施惠澤，永久守持正固可獲吉祥。《象傳》說：永久守持正固而獲得吉祥，說明九三（立身如此就）始終不會被人逾越凌壓。

　　六四，文飾得那樣素美，全身那樣潔白，坐下白馬又是那樣清純無雜。前方並非強寇，而是己所聘求婚配的佳偶。《象傳》說：六四當位得正，但心中仍存疑懼。前方並非強寇而是己所聘求婚配的佳偶，說明六四（努力前往）終將無所怨尤。

　　六五，文飾在山丘園圃中，持一束微薄的絲帛（禮聘賢士）。縱然下者無應而有憾惜，但上者互應終獲吉祥。《象傳》說：六五的吉祥，說明必有喜慶。

　　上九，素白無華的文飾，無所咎害。《象傳》說：素白無華的文飾而無所咎害，說明上九尊居上位而大遂（文飾之道尚質的）心志。

【綜論】

　　《賁》卦闡說「文飾」之道。卦辭總述事物獲飾，可致亨通，又特別點明，陰質柔小者一經適當的文飾，必利於增顯其美。卦中六爻，在陰陽交錯相雜中呈現互賁之象，其中初與四相應相賁；二與三，五與上，則相比相賁。但諸爻並非無條件地泛言文飾，而是主張適如其分地賁飾，並推崇樸素自然的至美境界。全卦大旨，約可見於兩端：一是剛柔相雜成文，二是文飾不尚華豔。就美學意義而論，本卦的象徵哲理，與先秦美學理論中「物一無文」（《國語》）、「大

音希聲」、「大巧若拙」（《老子》）之類的觀點，實可互相比較。

✺ 剝卦第二十三 ✺

【題解】

此卦下坤（☷）上艮（☶），象徵「剝落」。全卦喻示事物發展過程中「陽」被「陰」剝落，正面因素為反面因素摧折的情狀，揭明「剝」極必「復」、順勢止「剝」的哲理。

【原文】

☶ 剝，不利有攸往。

彖曰：剝，剝也，柔變剛也。不利有攸往，小人長也。順而止之，觀象也。君子尚消息盈虛①，天行也。

象曰：山附於地，剝；上以厚下安宅。

初六，剝床以足，蔑②，貞凶。象曰：剝床以足，以滅下也。

六二，剝床以辨③，蔑，貞凶。象曰：剝床以辨，未有與也。

六三，剝，无咎。象曰：剝之无咎，失上下也。

六四，剝床以膚，凶。象曰：剝床以膚，切近災也。

六五，貫魚以宮人寵，无不利。象曰：以宮人寵，終无尤也。

上九，碩果不食，君子得輿④，小人剝廬⑤。象曰：君子得輿，民所載也。小人剝廬，終不可用也。

【注釋】

①消息：消亡與生息。

②蔑（ㄇ一ㄝ、）：通「滅」。此謂「蝕滅」。

③辨：此處指床頭。

④輿：大車。

⑤廬：屋宇。

【譯文】

　　☷☶　《剝》卦象徵剝落：不利於有所前往。

　　《彖傳》說：剝，意思是剝落，猶如陰柔者浸蝕改變了陽剛的本質。不利於有所前往，表明此時陰柔小人的勢力盛長。應當順勢抑止小人之勢，這從觀察（《剝》卦的）卦象可以獲知。君子崇尚消亡與生息、盈盛與虧虛的轉化哲理，這是大自然的運行規律啊。

　　《象傳》說：高山頹落委附在地面，象徵剝落；居上者因此努力豐厚基礎而安固住宅。

　　初六，剝落大床先剝及床足，床足必致蝕滅，守持正固以防凶險。《象傳》說：剝落大床先剝及床足，可見最初是蝕滅下部基礎。

　　六二，剝落大床已剝至床頭，床頭必致蝕滅，守持正固以防凶險。《象傳》說：剝落大床已剝至床頭，說明六二未獲互應者相助。

　　六三，雖處剝落之時，卻無咎害。《象傳》說：處剝落之時而無咎害，說明六三離開上下群陰（獨應陽剛）。

　　六四，剝落大床已經剝至床面，有凶險。《象傳》說：剝落大床已經剝至床面，說明六四迫近災禍了。

　　六五，像首尾相連依序而入的一排魚一樣引領眾宮女承寵於君王，無所不利。《象傳》說：引領眾宮女承寵於君王，說明六五終究不會出現過失。

　　上九，碩大的果實未被摘食，君子摘取將能驅車濟世，小人摘取必致剝落萬家。《象傳》說：君子摘取（碩果）將能驅車濟世，說明天下萬民將因此有所庇載。小人摘取（碩果）必致剝落萬家，說明小人終究不可任用。

【綜論】

　　《剝》卦立名「剝落」，取義於陰盛陽衰之時應當防剝、抑剝。卦辭指出「不利有所往」，即誡人此時必須謹慎居守、把握轉「剝」

復陽的時機。六爻之中，五陰處下，一陽居上，透過不同的喻象，指出事物逐漸消剝的過程，以及處「剝」、轉「剝」的規律。其中上九，是極處卦終的唯一陽爻，代表事物「剝」而不盡、終將回復之理。其「碩果」獨存、陽剛不滅的形象，一方面生動表明自然界以及人類社會「生生不止」的客觀規律；另一方面顯示了只有象徵「君子」的陽剛，才能使「碩果」萌發生機、轉「剝」為「復」。

❧ 復卦第二十四 ❧

【題解】

　　此卦下震（☳）上坤（☷），象徵「回復」。全卦喻示事物正氣回復、生機更發的情狀，揭示「正道」復興這一不可抗拒的自然規律。

【原文】

　　☷　復，亨。出入无疾，朋來无咎；反復其道，七日來復。利有攸往。

　　象曰：復，亨，剛反。動而以順行，是以出入无疾，朋來无咎。反復其道，七日來復，天行也。利有攸往，剛長也。復，其見天地之心乎？

　　象曰：雷在地中，復；先王以至日閉關[①]，商旅不行，后不省方[②]。

　　初九，不遠復，無祇悔[③]，元吉。象曰：不遠之復，以修身也。

　　六二，休復，吉。象曰：休復之吉，以下仁也。

　　六三，頻復[④]，厲无咎。象曰：頻復之厲，義无咎也。

　　六四，中行獨復。象曰：中行獨復，以從道也。

　　六五，敦復，无悔。象曰：敦復无悔，中以自考也[⑤]。

上六，迷復，凶，有災眚⑥。用行師，終有大敗；以其國，君
凶，至于十年不克征。象曰：迷復之凶，反君道也。

【注釋】

①閉關：掩閉關閾。

②后：君主。省方：省視四方。

③祗（くーˊ）：原作「祗」，據阮元《十三經注疏校勘記》校改。此
處「祗」之意，猶言「災患」。

④頻：通「顰」。皺眉之狀。

⑤自考：自我反省考察。

⑥災眚（ㄕㄥˇ）：災殃禍患。災指自外而來的天災；眚指自己導致的
過錯。

【譯文】

▓▓　《復》卦象徵回復：亨通。（陽氣）內生外長無所疾患，
（剛健）友朋前來必無咎害；返轉回復沿著一定的規律，過不了七日
必將回復轉來。利於有所前往。

《彖傳》說：回復，亨通，表明陽剛更甦返回。陽剛回復奮動而
順暢通行，因此（陽氣）內生外長無所疾患，（剛健）友朋前來必無
咎害。返轉回復沿著一定的規律，過不了七日必將回復轉來，這是大
自然的運行法則。利於有所前往，說明陽剛日益盛長。回復之理，大
概體現著天地（生育萬物）的用心吧？

《象傳》說：春雷在地中微動，象徵（陽氣）回復；先代帝王因
此在（微陽初動的）冬至之日閉關靜養，商賈旅客不外出遠行，君后
也不省巡四方。

初九，起步不遠就回復正道，必無災患與悔恨，至為吉祥。《象
傳》說：起步不遠就能夠回復正道，足見初九善於修美自身。

六二，美好的回復，吉祥。《象傳》說：由於美好的回復而獲得
吉祥，說明六二能夠俯就親近仁人。

六三，皺眉勉強回復正道，雖有危險卻無咎害。《象傳》說：皺眉勉強回復正道而有危險，但從六三仍能努力復善的意義看卻無咎害。

六四，居中行正而專心回復正道。《象傳》說：居中行正而專心回復，說明六四正遵從正道而行。

六五，敦厚篤誠的回復，無所悔恨。《象傳》說：敦厚篤誠的回復而無所悔恨，說明六五居中不偏並能自我省察（而促成復善之道）。

上六，迷入歧途不知回復，有凶險，將要招致災殃禍患。若是用於帶兵作戰，終將慘遭敗績；用於治國理政，必致國亂君凶，乃至十年之久也無法振興發展。《象傳》說：迷入歧途而不知回復的凶險，表明上六所作所為與（陽剛）君主之道背逆而行。

【綜論】

《復》卦以陽氣「回復」為喻，闡明了生命剝落不盡、一陽終將來復的哲理。卦辭稱述陽剛「回復」之際順暢無礙，疾速利物，指出「復」必致「亨」的前景。卦中六爻，初九為全卦「回復」的根本，是「仁」與「善」的喻象。因此，群陰凡與初陽相近相得者均獲復善之吉；而上六最遠於初，與陽剛之德背道而馳，迷不知復，終於招致災凶，其誠意頗為深切。可見，《復》卦是用陽剛象徵「美善」，其要旨以「復善趨仁」為歸。

∽ 无妄卦第二十五 ∾

【題解】

此卦下震（☳）上乾（☰），象徵「不妄為」。全卦揭明凡事不可妄為的道理，以及置身無妄之時的某些規律。

【原文】

☰　无妄，元亨，利貞。其匪正有眚，不利有攸往。

彖曰：无妄，剛自外來而為主於內，動而健，剛中而應。大亨以正，天之命也。其匪正有眚，不利有攸往。无妄之往，何之矣？天命不祐，行矣哉！

象曰：天下雷行，物與无妄①；先王以茂對時育萬物②。

初九，无妄，往吉。象曰：无妄之往，得志也。

六二，不耕獲，不菑畬③，則利有攸往。象曰：不耕獲，未富也。

六三，无妄之災，或繫之牛，行人之得，邑人之災。象曰：行人得牛，邑人災也。

九四，可貞，无咎。象曰：可貞无咎，固有之也。

九五，无妄之疾，勿藥有喜。象曰：无妄之藥，不可試也。

上九，无妄，行有眚，无攸利。象曰：无妄之行，窮之災也。

【注釋】

①與：語氣詞。

②茂：《釋文》謂「盛也」。　對時：猶言「配合天時」。對，配合。

③菑（卩）：本指初墾的瘠田，此處指開墾。畬（ㄩˊ）：指耕作多年的良田。

【譯文】

☰　《无妄》卦象徵不妄為：至為亨通，利於守持正固。背離正道者必有禍患，不利於有所前往。

《彖傳》說：不妄為，猶如陽剛者從外部前來而成為內部的主宰，威勢震動而又稟性健強，剛正居中而應合於下（於是眾皆不敢妄為）。此時大為亨通而萬物守持正固，這是天的教命所致。背離正道者必有禍患，不利於有所前往。在不可妄為之時卻（以不正之身而）

欲有所往，哪裡有路可走呢？天的教命不給予祐助，怎敢這樣一意孤行啊！

《象傳》說：天下雷聲震行，象徵萬物（敬畏都）不妄為；先代君王因此用（天雷般的）強盛威勢來配合天時而養育萬物。

初九，不妄為，努力往前必獲吉祥。《象傳》說：不妄為而努力往前，說明初九必然得遂進取的心願。

六二，不事耕耘而不圖收穫，不務開墾而不謀良田，這樣就利於有所前往。《象傳》說：不事耕耘而不圖收穫，表明六二未曾冀求富貴。

六三，不妄為卻也招致災殃，就像有人繫拴著一條耕牛，路人牽走攫為己有，邑中人家將蒙受（被盤詰搜捕的）飛災。《象傳》說：路人順手牽走耕牛，說明邑中人家會遭受被盤詰搜捕的飛來之災。

九四，能夠守持正固，必無咎害。《象傳》說：能夠守持正固必無咎害，說明九四要牢牢守正以長保無害。

九五，不妄為卻偶染微疾，無需服藥將自癒有喜。《象傳》說：不妄為（偶染微疾）而無需服食的藥物，是不可胡亂試用的。

上九，雖然不妄為，但（因時窮而）前行必遭禍患，無所利益。《象傳》說：上九不妄為而欲有所行，說明（若前行）將由於時窮難通而遭災殃。

【綜論】

《无妄》卦大義，主於處事「不妄為」。卦辭先稱萬物「無妄」之時必可亨通，利於守正；再戒違背正道者此時將遭禍患，動輒失利。六爻情狀，皆呈置身於「無妄」之象，但或有吉、或招災，其象徵意義在於：若欲長保「無妄」，避害就利，凡事動靜行止，不能不審時度勢。當然，「識時」必須建立在「守正」的基礎上；一旦「失正」，則無利可言：這就是卦辭所明「違正者必有禍患」之義。宋·朱熹指出：「《无妄》一卦，雖云禍福之來也無常，然自家所守者，不可不利於『正』。」（《朱子語類》）

❦ 大畜卦第二十六 ❧

【題解】

此卦下乾（☰）上艮（☶），象徵「大為畜聚」。全卦表明事物發展過程中，必須竭力畜聚才可獲剛健正氣的道理。

【原文】

☶　大畜，利貞。不家食吉①，利涉大川。

象曰：大畜，剛健篤實，輝光日新其德。剛上而尚賢，能止健，大正也。不家食吉，養賢也。利涉大川，應乎天也。

象曰：天在山中，大畜；君子以多識前言往行，以畜其德。

初九，有厲，利已②。象曰：有厲利已，不犯災也。

九二，輿說輹③。象曰：輿說輹，中无尤也。

九三，良馬逐，利艱貞。日閑輿衛④，利有攸往。象曰：利有攸往，上合志也。

六四，童牛之牿⑤，元吉。象曰：六四元吉，有喜也。

六五，豶豕之牙⑥，吉。象曰：六五之吉，有慶也。

上九，何天之衢⑦，亨。象曰：何天之衢，道大行也。

【注釋】

①不家食：不使賢人在家自食，即廣聚於朝廷。

②已：停止。

③説：通「脱」，此處猶言「脱卸」。輹（ㄈㄨˋ）：古代車下之「輪輹」，指車廂下鉤住大車輪軸的木製器件。

④日：原作「曰」，據陸德明《經典釋文》、李鼎祚《周易集解》、朱熹《周易本義》校改。

⑤牿（ㄍㄨˋ）：綁在牛角上使牛不得抵人的橫木。

⑥豶（ㄈㄣˊ）：《釋文》引劉表曰：「豕去勢曰豶。」豶豕，指已被閹割之豬。

⑦何：感歎詞，含有「何其通達」之意。衢（〈ㄩˊ）：大道。

【譯文】

☷　《大畜》卦象徵大為畜聚：利於守持正固。不使賢人在家中自食（而食祿於朝廷）可獲吉祥，利於涉越大河巨流。

《彖傳》說：大為畜聚，恰如剛健篤實者（畜聚不已），乃至光輝煥發而日日增新自身的美德。又如陽剛者居上而崇尚賢人，能夠制約健強者，這是極大的正道。不使賢人在家中自食（而食祿於朝廷）可獲吉祥，說明要畜養賢人。利於涉越大河巨流，說明這種行為合乎天的規律。

《象傳》說：天包含在山中，象徵大為畜聚；君子因此多方記取前賢的言論與往聖的事蹟，以此畜聚自身的美德。

初九，有危險，利於暫停不進。《象傳》說：有危險而利於暫停不進，說明初九不可冒著災患前進。

九二，大車脫卸輪輹不前行。《象傳》說：大車脫卸輪輹不前行，表明九二居中不躁因而不犯過錯。

九三，良馬在奔逐，利於牢記艱難而守持正固。每日不斷熟練車馬防衛的技能，利於有所前往。《象傳》說：利於有所前往，說明九三與上九的意志相合。

六四，在無角小牛頭上加縛了木牿，至為吉祥。《象傳》說：六四至為吉祥，說明（止健有方）值得欣喜。

六五，（制約）被閹過之豬的尖牙，吉祥。《象傳》說：六五的吉祥，說明（止健得法）值得慶賀。

上九，何等暢達的天上大路，亨通。《象傳》說：何等暢達的天上大路，說明上九畜德之道大為通行。

【綜論】

《大畜》卦所謂「大為畜聚」，意在表明畜聚陽剛之道。用經傳中擬取的「人事」為喻，猶如「君子」廣畜「美德」，「君王」遍聚

「賢者」。於是，卦辭強調「守正」、「養賢」，指出「畜聚陽剛正德」是「大畜」的關鍵所在。全卦六爻可分為三層辨析：初、二為陽剛被「畜」之象，必須先能「自畜其德」，不宜躁進；四、五為尊者「畜」下之象，必須規正制約「剛健」者，使所畜盡善盡美；至於上下卦終極兩陽，並為「畜德」至盛之象，不存在「畜」與「被畜」的關係，故或「利」或「亨」。可見，本卦的爻義，初、二、四、五爻揭示善處「大畜」之道，三、上兩爻展現「大畜」的美盛結果。

❧ 頤卦第二十七 ❧

【題解】

　　此卦下震（☳）上艮（☶），象徵「頤養」。全卦闡發事物養育其身的規律，並推贊「養人」、「養賢」、「養天下」的「頤養」盛德。

【原文】

　　☶☳　頤，貞吉。觀頤，自求口實。

　　彖曰：頤，貞吉，養正則吉也。觀頤，觀其所養也。自求口實，觀其自養也。天地養萬物，聖人養賢以及萬民，頤之時大矣哉。

　　象曰：山下有雷，頤；君子以慎言語，節飲食。

　　初九，舍爾靈龜，觀我朵頤①，凶。象曰：觀我朵頤，亦不足貴也。

　　六二，顛頤；拂經②，于丘頤；征凶。象曰：六二征凶，行失類也。

　　六三，拂頤；貞凶，十年勿用，无攸利。象曰：十年勿用，道大悖也。

　　六四，顛頤，吉。虎視眈眈，其欲逐逐③，无咎。象曰：顛頤之

吉，上施光也。

六五，拂經；居貞吉，不可涉大川。象曰：居貞之吉，順以從上也。

上九，由頤，厲吉，利涉大川。象曰：由頤厲吉，大有慶也。

【注釋】

①朵：《說文》：「樹木垂朵朵。」引申為頤垂下動之貌。

②拂經：違背常理。拂，違也；經，猶言常理。

③逐逐：接連不斷。

【譯文】

☷☳ 《頤》卦象徵頤養：守持正固可獲吉祥。觀察事物的頤養現象，應當明白用正道自求口中食物。

《彖傳》說：頤養，守持正固可獲吉祥，說明用正道養身才能導致吉祥。觀察事物的頤養現象，是觀察獲得養育的客觀條件。應當明白用正道自求口中食物，是觀察自我養育的正確方法。天地養育萬物，聖人養育賢者並養及萬民，頤養之時的功效多麼宏大啊！

《象傳》說：山下響著震雷（下動上止，如口嚼食），象徵頤養；君子因此慎發言語以養德，節制飲食以養身。

初九，捨棄你精美的靈龜，垂動口腮觀看我的食物，有凶險。《象傳》說：垂動口腮觀看我的食物，說明初九的求養行為也太不值得尊重了。

六二，顛倒向下乞獲頤養；又違背常理，向高丘（上的尊者）索求頤養；往前進發必有凶險。《象傳》說：六二往前進發必有凶險，說明前行得不到朋類。

六三，違背頤養之道；守持正固以防凶險，十年之久不可施展才用，要是施用必將無所利益。《象傳》說：十年之久不可施展才用，可見六三與頤養之道大相違逆。

六四，顛倒向下求獲頤養（再用以養人），吉祥。猶如猛虎注視

眈眈，迫切求物接連不絕，必無咎害。《象傳》說：顛倒向下求獲頤養（再用以養人）而獲得吉祥，說明六四居上而能下施光明美德。

六五，違背常理（而依賴上者養己以養天下）；靜居守持正固可獲吉祥，不可涉越大河巨流。《象傳》說：靜居守持正固可獲吉祥，說明六五應當順從依賴上九（陽剛尊者）。

上九，人們依靠他獲得頤養，知危能慎必有吉祥，利於涉越大河巨流。《象傳》說：人們依靠他獲得頤養而知危能慎必有吉祥，說明上九大有福慶。

【綜論】

《頤》卦雖發「頤養」之義，卦辭開句便誡：守正則吉。卦中所揭明的「養正」意義，基本宗旨體現在兩端：「自養」之道，當本於德，不可棄德求欲；「養人」之道，當出於公，必須養德及物。六爻的喻旨，下三爻皆「自養」不得其道，故多凶險；上三爻皆努力「養人」，故均吉利。可見，六爻大義是集中讚美「養人」、「養賢」、「養天下」的「頤養」盛德。若回顧卦辭「自求口中食」之意，則卦中儘管強調「養德」，其立足點仍未偏離物質基礎。這一點，與《管子》「王者以民為天，民以食為天」的言論略可勾連。

🈯 大過卦第二十八 🈯

【題解】

此卦下巽（☴）上兌（☱），象徵「大為過甚」。全卦揭示事物的發展有時導致陽剛過甚、陰柔極弱的失常情狀，指明善處「大過」的道理及拯治「大過」的規律。

【原文】

䷛ 大過，棟橈①。利有攸往，亨。

彖曰：大過，大者過也。棟橈，本末弱也。剛過而中，巽而說行②，利有攸往，乃亨。大過之時大矣哉！

象曰：澤滅木，大過；君子以獨立不懼，遯世无悶。

初六，藉用白茅③，无咎。象曰：藉用白茅，柔在下也。

九二，枯楊生稊④，老夫得其女妻，无不利。象曰：老夫女妻，過以相與也。

九三，棟橈，凶。象曰：棟橈之凶，不可以有輔也。

九四，棟隆，吉。有它，吝。象曰：棟隆之吉，不橈乎下也。

九五，枯楊生華，老婦得其士夫，无咎无譽。象曰：枯楊生華，何可久也？老婦士夫，亦可醜也。

上六，過涉滅頂，凶，无咎。象曰：過涉之凶，不可咎也。

【注釋】

①橈（ㄋㄠˊ）：通「撓」。陸德明《經典釋文》：「橈，曲折。」

②說：即「悅」。

③藉（ㄐㄧㄝˋ）：襯墊。白茅：潔白的茅草。

④稊（ㄊㄧˊ）：通「荑」。樹木新生的枝芽。

【譯文】

䷛ 《大過》卦象徵大為過甚：猶如棟樑曲折彎撓。利於有所前往，亨通。

《彖傳》說：大為過甚，指剛大者過甚。猶如棟樑曲折彎撓，說明首尾兩端柔弱。陽剛過甚時能夠適中調劑，馴順而和悅地施行整治，因此利於有所前往，可獲亨通。大過之時的功效多麼宏大啊！

《象傳》說：大澤淹沒樹林，象徵大為過甚；君子因此處身「大過」之時能夠獨自屹立、毫不畏懼，毅然逃世而無所苦悶。

初六，用潔白的茅草襯墊承放奉獻尊者的物品，免遭咎害。《象傳》說：用潔白的茅草襯墊承放奉獻尊者的物品，說明初六柔順處下（行為敬慎）。

　　九二，枯槁的楊樹生出嫩芽新枝，龍鍾老漢娶了個年少嬌妻，無所不利。《象傳》說：龍鍾老漢配上年少嬌妻，說明九二陽剛過甚而能和初六陰柔相互親與。

　　九三，棟樑曲折彎撓，有凶險。《象傳》說：棟樑曲折彎撓而將有凶險，說明九三的剛勢不能再加以輔助。

　　九四，棟樑隆起平復，吉祥。要是有應於他方，必生憾惜。《象傳》說：棟樑隆起平復而獲吉祥，說明九四使棟樑不再往下曲折彎撓。

　　九五，枯槁的楊樹開出新花，龍鍾老太配了個強壯丈夫，不遭咎害也無所佳譽。《象傳》說：枯槁的楊樹開出新花，生機怎能長久呢？龍鍾老太卻配上強壯丈夫，說明九五的情狀也太可羞醜了。

　　上六，涉水過深以至淹沒頭頂，有凶險，但無所咎害。《象傳》說：涉水過深以至淹沒頭頂而有凶險，說明上六獻身救世而不可視之為咎害。

【綜論】

　　事物在發展過程中，倘若陽剛過甚、陰柔極弱，或主體因素過甚、附屬因素極弱，將導致「生態」失調，物象反常。這就是《大過》卦所揭示的「大為過甚」的事狀。卦辭以「棟樑」曲折下撓為喻，表明「大過」的景況。卦中六爻分別說明善處「大過」的道理，其義在於：上下兩陰須取剛濟柔，中間四陽須取柔濟剛，如此互濟，才能救「大過」之弊，成「調和」之功。當然，拯治過程中，「大過人」的舉動又是至為關鍵的：卦中所取「枯楊」生芽、開花，「老夫」、「老婦」得配「女妻」、「壯夫」等象，即含「非同尋常」之義。其中最使後人警醒的，莫過於上六涉水「滅頂」所寓含的「殺身成仁」以救「大過」之旨。

❧ 坎卦第二十九 ❧

【題解】

　　此卦上下皆坎（☵），象徵「重重險陷」。全卦喻示謹慎行險，以及脫離險難、走向亨通的道理。

【原文】

　　☵　習坎①，有孚，維心亨，行有尚。

　　彖曰：習坎，重險也，水流而不盈。行險而不失其信，維心亨，乃以剛中也。行有尚，往有功也。天險不可升也，地險山川丘陵也，王公設險以守其國：險之時用大矣哉！

　　象曰：水洊至②，習坎；君子以常德行，習教事。

　　初六，習坎，入于坎窞③，凶。象曰：習坎入坎，失道凶也。

　　九二，坎有險，求小得。象曰：求小得，未出中也。

　　六三，來之坎坎，險且枕，入于坎窞，勿用。象曰：來之坎坎，終无功也。

　　六四，樽酒，簋貳④，用缶，納約自牖，終无咎。象曰：樽酒簋貳，剛柔際也。

　　九五，坎不盈，祇既平⑤，无咎。象曰：坎不盈，中未大也。

　　上六，係用徽纆⑥，寘於叢棘⑦，三歲不得，凶。象曰：上六失道，凶三歲也。

【注釋】

　　①習：重疊。

　　②洊（ㄐㄧㄢˋ）：再，謂相仍而至，猶言「疊連」。

　　③窞（ㄉㄢˋ）：坎之深者，猶言「深坑」。

　　④簋（ㄍㄨㄟˇ）：盛放食物的方形竹器。

　　⑤祇：原作「祗」，據阮元《十三經注疏校勘記》校改。祇，通「坻」，謂小丘。

⑥徽纆（ㄇㄛˋ）：均為繩索之名。

⑦寘（ㄓˋ）：通「置」。

【譯文】

　　☵　《坎》卦象徵重重險陷：胸懷信實，於是內心亨通，努力前行必被崇尚。

　　《彖傳》說：兩坎相疊，意思是重重險陷，就像水流進陷穴不見盈滿。行走在險境而不喪失信實，於是內心亨通，這是由於陽剛居中不偏所致。努力前行必被崇尚，說明往前進取可建功勳。天險高遠無法升越，地險山川丘陵（也難以逾越），君王公侯於是設險守護國境：險陷之時的功用是多麼宏大啊！

　　《象傳》說：水流疊連而至，象徵重重險陷；君子因此恆久保持令德美行，反覆熟習政教事務。

　　初六，面臨重重險陷，落入陷穴深處，必有凶危。《象傳》說：面臨重重險陷而落入陷穴，說明初六違失履險之道，必有凶危。

　　九二，在險陷中困罹險難，從小處謀求脫險必有所得。《象傳》說：從小處謀求脫險必有所得，說明九二此時尚未脫出險中。

　　六三，來去都處在險陷之間，往前有險而退居難安，落入陷穴深處，切勿施展才用。《象傳》說：來去都處在險陷之間，說明六三終究難成行險之功。

　　六四，一樽薄酒，兩簋淡食，用簡陋的瓦缶盛物（虔誠地奉獻給尊者），透過明窗結納信約，終將不遭咎害。《象傳》說：一樽薄酒與兩簋淡食（奉獻尊者），說明六四陰柔和九五陽剛正在相互交接。

　　九五，險陷尚不滿盈，小丘已被鏟平，必無咎害。《象傳》說：險陷尚不滿盈，說明九五雖居中位但平險之功尚未光大。

　　上六，被繩索捆縛，囚置在荊棘叢中，三年不得解脫，有凶險。《象傳》說：上六違失履險正道，凶險將延續三年之久。

【綜論】

《坎》卦大旨，在於揭示置身險境之時「行險」、「排難」的規律。卦辭頗含勉勵之旨，說明面臨重重險陷之際，只要不失誠信，內心亨通，就能排險涉難，前景可佳。卦中六爻皆不言「吉」，其中四陰爻除六四「無咎」外，餘三爻多呈「凶」象，側重誡人行險須謹慎有方。二、五兩陽是全卦平險排難的希望所在，雖皆未徹底脫險，但均在「慎求」、「奮發」中努力，尤其九五爻，更是全卦處險的最美好象徵。可見，《坎》卦「行險」的義理，是建立在陽剛信實的基礎上，強調謹慎守恆之德，如此則險陷可履、艱難可除。

～ 離卦第三十 ～

【題解】

此卦上下皆離（☲），象徵「附麗」（附著）。全卦以「火」、「日」為基本喻象，闡明事物往往需要附著於一定的環境條件而存在的道理。

【原文】

☲　離①，利貞，亨。畜牝牛吉。

彖曰：離，麗也②。日月麗乎天，百穀草木麗乎土。重明以麗乎正，乃化成天下。柔麗乎中正，故亨，是以畜牝牛吉也。

象曰：明兩作，離；大人以繼明照于四方。

初九，履錯然③，敬之，无咎。象曰：履錯之敬，以辟咎也④。

六二，黃離，元吉。象曰：黃離元吉，得中道也。

九三，日昃之離，不鼓缶而歌，則大耋之嗟⑤，凶。象曰：日昃之離，何可久也？

九四，突如其來如，焚如，死如，棄如。象曰：突如其來如，无所容也。

　　六五，出涕沱若，戚嗟若，吉。象曰：六五之吉，離王公也。

　　上九，王用出征，有嘉折首⑥，獲匪其醜⑦，无咎。象曰：王用出征，以正邦也。

【注釋】

　　①離：猶言附麗，附著。

　　②麗：附著。

　　③錯然：錯落有致，含有「鄭重」之意。

　　④辟：通「避」。

　　⑤耋（ㄉㄧㄝˊ）：《說文》：「年八十曰耋。」大耋，極言年老。

　　⑥嘉：嘉美之功。首：指敵方首級。

　　⑦醜：類也。「匪其醜」，猶言「非其類」。

【譯文】

　　☲　《離》卦象徵附著：利於守持正固，亨通；畜養母牛可獲吉祥。

　　《彖傳》說：離，意思是附著；譬如太陽月亮附著在天上，百穀草木附著在地上。光明重疊而附著於正道，就能推行教化以促成天下昌盛。柔順者附著於適中方正之處，前景亨通，所以用畜養母牛可獲吉祥為比喻。

　　《象傳》說：光明接連升起（懸附高空），象徵附著；大人因此連續不斷地用光明照臨天下四方。

　　初九，踐行事務鄭重不苟，保持恭敬謹慎，必無咎害。《象傳》說：踐行事務鄭重不苟而又保持恭敬謹慎，說明初九如此才能避免咎害。

　　六二，保持中正的黃色附著於物，至為吉祥。《象傳》說：保持中正的黃色附著於物而至為吉祥，表明六二有得於適中不偏之道。

　　九三，太陽將落而垂垂附著在西天，此時要是不敲起缶器而怡然作歌自樂，必將導致老暮窮衰的嗟歎，有凶險。《象傳》說：太陽將落而垂垂附著在西天，這種狀況怎能保持長久呢？

　　九四，突然升起火紅的暾霞，像烈焰在焚燒，但頃刻間又消散滅亡，被棄除淨盡。《象傳》說：突然升起火紅的暾霞，說明九四的虛勢必將無處附著容納。

　　六五，流出淚水滂沱不絕，憂慽嗟傷悲切，（但居尊得助而終獲）吉祥。《象傳》說：六五的吉祥，是由於附著於王公的尊位。

　　上九，君王出師征伐，建樹豐功而斬折敵首，俘獲不願親附的異己，必無咎害。《象傳》說：君王出師征伐，說明上九是為了端正邦國治理天下。

【綜論】

　　《離》卦所言「附麗」之義，與太陽依附於天空、火焰依附於燃燒物的喻象頗為切合。卦辭強調「附麗」之時必須柔順守正才能亨通暢達。從六爻情狀分析，四陽爻或因不中不正而凶，或因敬慎行事而無咎；唯二、五兩陰爻柔順居中，守持正道，皆獲吉祥。若以《坎》、《離》兩卦互為比較，又可進一步看出，「行險」當以「剛中」為主，「附麗」則以「柔中」為宜：這是兩卦適為相反的核心意義。當然，《離》卦的象徵喻旨也是十分廣泛的，取「人事」為說，不論人的地位尊卑如何，均需附麗於所處的時代、社會；而人與人之間的不同層次，又存在附麗與被附麗的複雜關係——人類的社會結構，於是不可避免地反映出一種特定的組合。

卷二　下經

⌘ 咸卦第三十一 ⌘

【題解】

此卦下艮（☶）上兌（☱），象徵「交感」。全卦揭明事物在一定的條件下，陰陽交互感應的規律。

【原文】

　　☷　咸，亨，利貞。取女吉。

　　彖曰：咸，感也。柔上而剛下，二氣感應以相與。止而說，男下女，是以亨，利貞，取女吉也。天地感而萬物化生，聖人感人心而天下和平：觀其所感，而天地萬物之情可見矣！

　　象曰：山上有澤，咸；君子以虛受人。

　　初六，咸其拇。象曰：咸其拇，志在外也。

　　六二，咸其腓^①，凶，居吉。象曰：雖凶居吉，順不害也。

　　九三，咸其股，執其隨，往吝。象曰：咸其股，亦不處也。志在隨人，所執下也。

　　九四，貞吉，悔亡。憧憧往來^②，朋從爾思。象曰：貞吉悔亡，未感害也。憧憧往來，未光大也。

　　九五，咸其脢^③，无悔。象曰：咸其脢，志末也。

　　上六，咸其輔頰舌^④。象曰：咸其輔頰舌，滕口說也^⑤。

【注釋】

　　①腓（ㄈㄟˊ）：小腿肚。

　　②憧憧（ㄔㄨㄥ ㄔㄨㄥ）：形容心意不定而頻頻往來之狀。

　　③脢（ㄇㄟˊ）：背脊肉。

④輔頰舌：《來氏易注》：「舌動則輔應而頰從之，三者相須用事，皆所以言者。」輔、頰、舌三者合稱，猶今言「口頭言語」。輔，指上牙床。

⑤媵：通「騰」。

【譯文】

　　☳☶　《咸》卦象徵交感：亨通，利於守持正固。求娶女子為妻可獲吉祥。

　　《彖傳》說：咸，意思是交感。恰如陰柔往上而陽剛在下，二氣交感互應而兩相親和。（交感之時）穩重自制而又歡快欣悅，就像男子要以禮下求女子，所以亨通，利於守持正固，求娶女子為妻可獲吉祥。天地交感促使萬物化育生長，聖人感化人心帶來天下和平昌順；觀察交感現象，天地萬物的性情就可以明白了！

　　《象傳》說：山上有大澤（而山澤之氣相通），象徵交感；君子因此虛懷若谷而廣泛容納感化眾人。

　　初六，交感相應在腳拇指。《象傳》說：交感相應在腳拇指，表明初六的感應志向是向外發展。

　　六二，交感相應在小腿肚，有凶險，安居守敬可獲吉祥。《象傳》說：儘管有凶險，但安居守靜可獲吉祥，說明六二能柔順（安守交感正道）則可免遭禍害。

　　九三，交感相應在大腿，執意盲從泛隨於人，如此往前必有憾惜。《象傳》說：交感相應在大腿，說明九三不安於恬靜退處。心志在於盲目泛隨於人，說明所執守之義是卑下的。

　　九四，守持正固可獲吉祥，悔恨必將消亡。心意不定地頻頻往來，友朋終究順從你的思念。《象傳》說：守持正固可獲吉祥而悔恨必將消亡，說明九四未曾因交感不正而遭害。心意不定地頻頻往來，說明此時交感之道尚未光大。

　　九五，交感相應在背脊肉上，不致悔恨。《象傳》說：交感相應在背脊肉上，說明九五的交感志向頗為淺微。

　　上六，交感相應在口頭上。《象傳》說：交感相應在口頭上，可

見上六不過高談空言而已。

【綜論】

《咸》卦的主旨，從廣義看是普遍闡明事物「感應」之道，從狹義看卻是側重揭示男女交感之理。卦辭稱「交感」能「正」必致亨通，又言男子「娶女」可獲吉祥，已經明確表露上述意義。六爻以人體感應設喻，取象簡明貼切，分別展示「交感」的不同情狀及是非得失。宋·朱熹指出：「此卦雖主於感，然六爻皆宜靜而不宜動也。」（《周易本義》）其中九四所感，最具「貞吉」美德，並強調「感」止於「正」必吉，悅以能靜為宜的義理。這一點，實可納入封建社會早期關於男女、夫婦禮教的道德範疇，為研究古代社會禮法制度，尤其是婚娶制度提供了一方面的資料。

∽ 恆卦第三十二 ∾

【題解】

此卦下巽（☴）上震（☳），象徵「恆久」。全卦展示事物「長久守恆」的道理。就人事而言，是教人為善、治學，始終持之以恆。

【原文】

☲ 恆，亨，无咎，利貞，利有攸往。

彖曰：恆，久也。剛上而柔下，雷風相與，巽而動，剛柔皆應，恆。恆，亨，无咎，利貞，久于其道也。天地之道，恆久而不已也。利有攸往，終則有始也。日月得天而能久照，四時變化而能久成，聖人久於其道而天下化成：觀其所恆，而天地萬物之情可見矣！

象曰：雷風，恆；君子以立不易方[①]。

初六，浚恆[②]，貞凶，无攸利。象曰：浚恆之凶，始求深也。

九二，悔亡。象曰：九二悔亡，能久中也。

九三，不恆其德，或承之羞，貞吝。象曰：不恆其德，无所容也。

九四，田无禽。象曰：久非其位，安得禽也？

六五，恆其德，貞。婦人吉，夫子凶。象曰：婦人貞吉，從一而終也。夫子制義，從婦凶也。

上六，振恆，凶。象曰：振恆在上，大无功也。

【注釋】

①方：道也。此處猶言「正確的思想」。

②浚（ㄐㄩㄣˋ）：深。

【譯文】

☰　《恆》卦象徵恆久：亨通，必無咎害，利於守持正固，利於有所前往。

《彖傳》說：恆，意思是恆久。恰如陽剛居上而陰柔處下，雷發風行常交相助，先要遜順而後能動，剛柔稟性皆相應合：這都是恆久可行的事狀。恆久，亨通，必無咎害，利於守持正固，說明事物要永久地保持美好的道德。天地的運行規律，是恆久而不停止。利於有所前往，說明事物的發展是終而復始。日月順行天道而能永久照耀天下，四季往復變化而能永久生成萬物，聖人永久保持美好的道德而天下就能遵從教化形成美俗：觀察恆久現象，天地萬物的性情就可以明白了！

《象傳》說：雷發風行（常相交助），象徵恆久；君子因此樹立恆久不變的正確思想。

初六，深求恆久之道，要守持正固以防凶險，否則無所利益。《象傳》說：深求恆久之道的凶險，是由於初六剛開始就求之過深。

九二，悔恨消亡。《象傳》說：九二悔恨消亡，足見能恆久守中不偏。

九三，不能恆久保持美德，時或有人施加羞辱，要守持正固以防憾惜。《象傳》說：不能恆久地保持美德，說明九三長此以往將無處容身。

九四，田獵獲不到禽獸。《象傳》說：九四久居不當之位，田獵哪能獲得禽獸？

六五，恆久地保持柔順美德，長守正固。婦人如此可獲吉祥，男子則有凶險。《象傳》說：婦人長守正固可獲吉祥，表明要跟從一個丈夫終身不改。男子必須制裁事宜，若一味依順婦人必有凶險。

上六，振動而不安於恆久之道，有凶險。《象傳》說：振動而不安於恆久之道又高居上位，說明上六如此立身處事必然大為無功。

【綜論】

《恆》卦闡發「恆久」之理，卦辭極力讚美「恆」道可行。但卦中六爻無一爻全吉，「悔恨」、「憾惜」、「羞辱」、「徒勞無益」乃至「凶險」之象頗多。顯然，諸爻的情態雖各不同，但有一點是相同的：即均不能自始至終地盡「恆」之義。試究「恆」這一概念本身的寓意，似非一時、一事所能賅備，諺語說的「路遙知馬力，日久識人心」，正屬此理。那麼，一爻之中難獲「完吉」，則是卦旨所限，不能不如此。當然，縱觀全卦大義，無論各爻的占語理想與否，作者所喻示的道理卻無不在於勉人守「正」處「恆」。就此而言，「人貴有恆」的理想，實為本卦象徵旨趣的核心。

❧ 遯卦第三十三 ❧

【題解】

此卦下艮（☶）上乾（☰），象徵「退避」。全卦指明事物發展受阻礙時，必須暫行退避，以俟來日振興復盛。

【原文】

䷠　遯①，亨，小利貞。

彖曰：遯，亨，遯而亨也。剛當位而應，與時行也。小利貞，浸而長也②。遯之時義大矣哉！

象曰：天下有山，遯；君子以遠小人，不惡而嚴。

初六，遯尾，厲，勿用有攸往。象曰：遯尾之厲，不往何災也？

六二，執之用黃牛之革，莫之勝說③。象曰：執用黃牛，固志也。

九三，係遯，有疾厲。畜臣妾吉。象曰：係遯之厲，有疾憊也。畜臣妾吉，不可大事也。

九四，好遯，君子吉，小人否。象曰：君子好遯，小人否也。

九五，嘉遯，貞吉。象曰：嘉遯貞吉，以正志也。

上九，肥遯④，无不利。象曰：肥遯无不利，无所疑也。

【注釋】

①遯（ㄉㄨㄣ丶）：意指退避、遯逃。

②浸：漸也。

③說（ㄊㄨㄛ）：通「脫」。

④肥：通「蜚」。即「飛」。

【譯文】

䷠　《遯》卦象徵退避：亨通，柔小者利於守持正固。

《彖傳》說：退避，亨通，表明情勢不利時要先作退避而後可致亨通。猶如陽剛者正當尊位而能應合下者，隨順時勢施行退避。柔小者利於守持正固，說明此時陰氣漸漸盛長（但不可妄動害陽）。退避之時的意義是多麼宏大啊！

《象傳》說：高天下面立著大山（猶如天遠避山），象徵退避；君子因此遠避小人，於遠避之際不顯露憎惡情態而能威嚴、矜持、端

莊。

初六，退避不及而落在末尾，有危險，不宜有所前往。《象傳》說：退避不及而落在末尾以致有危險，說明初六此時只要不往前進取又有什麼災禍呢？

六二，被黃牛的皮革捆縛住，沒有人能夠解脫。《象傳》說：被黃牛的皮革捆縛住，表明六二應當固守輔時不退的心志。

九三，心懷繫戀而不退避，將有疾患與危險。畜養臣僕侍妾可獲吉祥。《象傳》說：心懷繫戀而不能退避以致有危險，說明九三將遭疾患而羸困不堪。畜養臣僕侍妾可獲吉祥，說明此時不可用於治圖大事。

九四，心懷情好而身已退避，君子必獲吉祥，小人難以辦到。《象傳》說：君子心懷情好而身已退避，小人卻難以辦到。

九五，嘉美及時地退避，守持正固必有吉祥。《象傳》說：嘉美及時地退避而守持正固必有吉祥，說明九五能夠端正退避的心志。

上九，高飛遠退，無所不利。《象傳》說：高飛遠退而無所不利，說明上九於退避之時心無疑慮。

【綜論】

《遯》卦所言「退避」，並非宣揚無原則的消極「逃世」，而是說明局勢不可為之時而暫行隱遯，以期來日重申正道。用「人事」比喻，猶如「君子」當衰壞之世，「身退而道亨」。卦辭既揭示「遯」而求亨之理，又強調此時應當抑制阻礙力的增長，輔助「剛大」者順利行「遯」。卦中六爻，下三爻因各種環境、條件所限，或不及遯、或不願遯、或不能遯，以貞定自守、不圖大事為宜；上三爻陽剛在外，均能識時遯退，以不戀私好、毅然遠去為美。顯然，全卦行遯之事重在上卦，而上卦又以上九「高飛遠遯」的喻象最為典型。

大壯卦第三十四

【題解】

此卦下乾（☰）上震（☳），象徵「大為強盛」。全卦之義，既褒贊「大壯」為事物發展的美好階段，又指出如何善保「盛壯」的道理。

【原文】

䷡ 大壯，利貞。

彖曰：大壯，大者壯也。剛以動，故壯。大壯，利貞，大者正也。正大而天地之情可見矣！

象曰：雷在天上，大壯；君子以非禮弗履。

初九，壯於趾，征凶，有孚。象曰：壯於趾，其孚窮也。

九二，貞吉。象曰：九二貞吉，以中也。

九三，小人用壯，君子用罔①。貞厲。羝羊觸藩②，羸其角。象曰：小人用壯，君子罔也。

九四，貞吉，悔亡。藩決不羸③，壯於大輿之輹。象曰：藩決不羸，尚往也。

六五，喪羊于易④，无悔。象曰：喪羊于易，位不當也。

上六，羝羊觸藩，不能退，不能遂，无攸利。艱則吉。象曰：不能退，不能遂，不詳也⑤。艱則吉，咎不長也。

【注釋】

①用罔：猶言「不用壯」。罔，即「無」。

②羝（ㄉㄧ）羊：牡羊，此處泛指大羊。

③羸（ㄌㄟˊ）：拘累纏繞。

④易：通「場」，即田畔。

⑤詳：周詳審慎。

【譯文】

☳☰　《大壯》卦象徵大為強盛：利於守持正固。

《彖傳》說：大為強盛，指剛大者強盛。氣質剛健又能奮動，所以稱作強盛。大為強盛，利於守持正固，表明剛大者必須正直不阿。領會正直剛大之理而天地的性情也就可以明白了！

《象傳》說：震雷響徹天上（剛強威盛），象徵大為強盛；君子因此不踐行非禮的事情以善葆盛壯。

初九，足趾強盛，往前進發必有凶險，應當以誠信自守。《象傳》說：足趾強壯，說明初九應當以誠信自守而善處窮困。

九二，守持正固可獲吉祥。《象傳》說：九二守持正固可獲吉祥，是由於陽剛居中的緣故。

九三，小人妄用強盛，君子雖強不用。守持正固以防危險。若像大羊強觸藩籬，羊角必被拘累纏繞。《象傳》說：小人妄用強盛，說明君子雖強卻不妄用。

九四，守持正固可獲吉祥，悔恨必將消亡。猶如藩籬觸開了缺口而羊角不被拘累纏繞，又如大車的輪輹強盛適用。《象傳》說：藩籬被觸開了缺口而羊角不被拘累纏繞，說明九四利於向前進取。

六五，在田畔喪失了羊，無所悔恨。《象傳》說：在田畔喪失了羊，說明六五居位不甚適當。

上六，大羊抵觸藩籬，不能退卻，不能前進，無所利益。若能在艱難中自守則可獲吉祥。《象傳》說：不能退卻又不能前進，說明上六處事不夠周詳審慎。若能在艱難中自守則可獲吉祥，說明上六所遭咎害不至於長久。

【綜論】

「大為強盛」既是事物發展的美好階段，則此時如何保「壯」，必然成為關鍵問題。《大壯》卦辭以「守正則吉」揭示了以「正道」處「壯盛」的道理。卦中諸爻，具體說明「大壯」之時不可恃強「用

壯」，而要謙退持中。於是，二、四兩剛，以謙柔獲吉；初、三兩陽，若妄動必凶；五、上兩陰，剛壯已過，更宜柔和相守。劉沅指出：「不用壯而強壯，此《大壯》之義也。」（馬振彪《周易學說》引）漢·許慎《說文解字》有「止戈為武」之說，以為不可濫用「剛武」，似與《大壯》卦的象徵意旨頗可相通。

৩ 晉卦第三十五 ৩

【題解】

此卦下坤（☷）上離（☲），象徵「晉長」。全卦擬取「日出地上」為象，揭示事物順勢晉長的途徑及其規律。

【原文】

☲　晉，康侯用錫馬蕃庶①，晝日三接。

彖曰：晉，進也，明出地上。順而麗乎大明，柔進而上行，是以康侯用錫馬蕃庶，晝日三接也。

象曰：明出地上，晉；君子以自昭明德。

初六，晉如摧如，貞吉。罔孚，裕无咎②。象曰：晉如摧如，獨行正也。裕无咎，未受命也。

六二，晉如愁如，貞吉。受茲介福③，于其王母。象曰：受茲介福，以中正也。

六三，眾允④，悔亡。象曰：眾允之志，上行也。

九四，晉如鼫鼠⑤，貞厲。象曰：鼫鼠貞厲，位不當也。

六五，悔亡，失得勿恤。往吉，无不利。象曰：失得勿恤，往有慶也。

上九，晉其角，維用伐邑。厲吉，无咎，貞吝。象曰：維用伐邑，道未光也。

【注釋】

①錫（ㄒㄧˋ）：通「賜」。蕃庶：謂眾多。

②裕：寬裕緩進。

③介福：大福。

④允：信也。

⑤鼫（ㄕˊ）鼠：即「梧鼠」。舊説此鼠身無專技、貪而畏人。

【譯文】

▤ 《晉》卦象徵晉長：猶如尊貴的公侯蒙受天子賞賜眾多車馬，一天之內榮獲三次接見。

《彖傳》說：晉，意思是進長，就像光明出現在地面一樣冉冉上升。又如下者能夠順從而附著於上者的宏大光明，以柔順之道進長乃至向上直行，所以像尊貴的公侯蒙受天子賞賜眾多車馬，一天之內榮獲三次接見。

《象傳》說：光明出現在地上，象徵晉長；君子因此自我昭著光輝的美德。

初六，晉長之初就受摧折抑退，守持正固可獲吉祥。不能見信於人，暫且寬裕待時則無咎害。《象傳》說：晉長之初就受摧折抑退，說明初六應當獨自踐行正道。暫且寬裕待時則無咎害，說明初六此時尚未受到任命。

六二，晉長之際滿面愁容，守持正固可獲吉祥。將要承受宏大的福澤，來自尊貴的王母。《象傳》說：將要承受宏大的福澤，是由於六二居中守正。

六三，獲得眾人信允，悔恨消亡。《象傳》說：獲得眾人信允所體現的心志，說明六三意欲向上行進。

九四，晉長之時卻像身無專技的鼫鼠，守持正固以防危險。《象傳》說：像身無專技的鼫鼠而要守持正固以防危險，說明九四居位不適當。

六五，悔恨消亡，處事不需憂慮得失。往前必獲吉祥，無所不利。《象傳》說：處事不需憂慮得失，說明六五往前必有福慶。

上九，就像晉長到獸角尖端（窮極將衰），宜於征伐邑國。雖處險境可獲吉祥，不致咎害，但要守持正固預防憾惜。《象傳》說：宜於征伐邑國，說明上九的晉長之道未能光大。

【綜論】

宋·郭雍認為，《晉》卦「以人臣之進，獨備一卦之義」（《郭氏傳家易說》），正是從「人事」角度理解此卦「晉長」的喻旨。卦辭取「公侯」受賜為象，已經表露此旨。卦中諸爻，四陰爻為處「晉」有道之象，均因柔順而使「晉」途通暢；二陽爻為處「晉」不當之象，皆因有失柔順而使「晉」途阻礙。誠然，《晉》卦極力肯定的「柔順」，又必須以「光明道德」為重要前提，即下者要附著於「明」求進，上者更要向「明」施治。卦象下順上明，六五尊居「離明」之中，而處「晉」最為佳美，正是這一要點的明顯體現。因此，「柔順」是求「晉」的手段，「光明」是獲「晉」的基礎：兩者結合，實是《晉》卦大義之所在。

⚘ 明夷卦第三十六 ⚘

【題解】

此卦下離（☲）上坤（☷），象徵「光明殞傷」。全卦取「日落地下」為象，展示了政治昏暗、光明泯滅之世的情狀，讚美「君子」自晦其明、守正不移的品質。

【原文】

☷ 明夷①，利艱貞。

象曰：明入地中，明夷。內文明而外柔順，以蒙大難，文王②以之。利艱貞，晦其明也。內難而能正其志，箕子以之③。

象曰：明入地中，明夷；君子以莅眾④，用晦而明。

初九，明夷於飛，垂其翼。君子于行，三日不食。有攸往，主人有言⑤。象曰：君子於行，義不食也。

六二，明夷，夷于左股，用拯馬壯，吉。象曰：六二之吉，順以則也。

九三，明夷于南狩，得其大首。不可疾，貞。象曰：南狩之志，乃大得也。

六四，入于左腹，獲明夷之心，于出門庭。象曰：入于左腹，獲心意也。

六五，箕子之明夷，利貞。象曰：箕子之貞，明不可息也⑥。

上六，不明晦。初登于天，後入于地。象曰：初登于天，照四國也。後入于地，失則也。

【注釋】

①明夷：猶言「光明殞傷」。夷，傷也。

②文王：即周文王。

③箕子：殷紂王的諸父，被囚後以佯狂守志。

④莅（ㄌㄧˋ）眾：治眾。莅，臨也。

⑤言：指責怪之言。

⑥息：通「熄」。

【譯文】

䷣ 《明夷》卦象徵光明殞傷：利於牢記艱難而守持正固。

《彖傳》說：光明隱入地中，象徵光明殞傷。猶如內含文明美德而外顯柔順情態，以此蒙受巨大的患難，周文王就是用這種方法渡過危難。利於牢記艱難而守持正固，說明要自我隱晦光明。儘管身陷內難也能秉正守持精誠的意志，殷朝的箕子就是用這種方法晦明守正。

《象傳》說：光明隱入地中，象徵光明殞傷；君子因此慎於治理眾人，自我晦藏明智而更加顯出道德光明。

初九，光明殞傷時向外飛翔，低垂掩抑著翅膀。君子倉皇遠走遁行，三日不顧充填饑腸。此時有所前往，所遇主人將疑怪責讓。《象傳》說：君子倉皇遠走遁行，說明初九在自晦的意義上是不求祿食。

六二，光明殞傷，讓左邊大腿傷損，然後借助良馬的拯濟將漸漸復壯前行，可獲吉祥。《象傳》說：六二的吉祥，說明此時既柔順又能堅守自晦的法則。

九三，光明殞傷時在南方狩獵施行征伐，誅滅元兇首惡。此時不可操之過急，應當守持正固。《象傳》說：在南方狩獵施行征戰的志向，表明九三必能大有所得。

六四，順入退處於左方心腹地位，深刻瞭解光明殞傷時的內中情態，於是毅然跨出門庭遠去。《象傳》說：順入退處於左方心腹地位，說明六四能夠深刻瞭解光明殞傷時的內中情態。

六五，猶如殷朝箕子處身光明殞傷之時，利於守持正固。《象傳》說：像殷朝箕子一樣守持正固，說明六五內心的光明不可熄滅。

上六，不煥發光明卻帶來昏暗。起初登臨天上，最終墜入地下。《象傳》說：起初登臨天上，足以照耀四方諸國。最終墜入地下，說明上六違背了正確的法則。

【綜論】

《明夷》卦揭示世道昏暗、「光明殞傷」之時，「君子」如何立身處世的道理。卦辭強調在艱難中維護正道，在「自晦」中期待著重見光明的一天。當然，就具體環境而言，「事」有可濟、不可濟之分，「時」有可居、不可居之別。於是卦中除上六為「暗君」之象外，餘五爻分別從不同角度揭示「君子」處「明夷」的特點。其中，初、四兩爻以消極反抗的態度處「明夷」，二、三、五三爻則以積極救治的精神處「明夷」。要言之，處「明夷」的特點雖有不同，立足於「艱貞守正」的卦旨卻全然一致。此旨在六五一爻言之尤切，即極

稱時世雖暗而道不可沒，立身純正則危不足懼：《象傳》所謂「明不
可息」是也。

⤳ 家人卦第三十七 ⤳

【題解】

　　此卦下離（☲）上巽（☴），象徵「一家人」。全卦從不同的人
物、背景，闡發「治家」之道。

【原文】

　　☲　家人，利女貞。

　　彖曰：家人，女正位乎內，男正位乎外。男女正，天地之大義
也。家人有嚴君焉，父母之謂也。父父，子子，兄兄，弟弟，夫夫，
婦婦，而家道正。正家，而天下定矣。

　　象曰：風自火出，家人；君子以言有物而行有恆。

　　初九，閑有家①，悔亡。象曰：閑有家，志未變也。

　　六二，无攸遂，在中饋，貞吉。象曰：六二之吉，順以巽也。

　　九三，家人嗃嗃②，悔厲，吉。婦子嘻嘻，終吝。象曰：家人嗃
嗃，未失也③。婦子嘻嘻，失家節也。

　　六四，富家，大吉。象曰：富家大吉，順在位也。

　　九五，王假有家④，勿恤，吉。象曰：王假有家，交相愛也。

　　上九，有孚，威如，終吉。象曰：威如之吉，反身之謂也。

【注釋】

　　①閑：防也，謂防止邪惡。

　　②嗃嗃（ㄏㄜˋ　ㄏㄜˋ）：眾口愁怨聲，義同「嗷嗷」。

　　③失：通「佚」。即放逸縱樂之意。

④假：至也。舊音讀如「格」，猶言「感格」。

【譯文】

☲ 《家人》卦象徵一家人：利於女子守持正固。

《彖傳》說：一家人，要求女子在家內居正當之位，男子在家外居正當之位。男女居位都正當得體，這是天地陰陽的大道理。一家人有嚴正的君長，指的是父母。父親盡父親的責任，兒子盡兒子的責任，兄長盡兄長的責任，幼弟盡幼弟的責任，丈夫盡丈夫的責任，妻子盡妻子的責任，這樣家道就能端正。端正了家道，而後天下就能安定。

《象傳》說：風從火的燃燒生出（而自內延外），象徵一家人（事關社會風化）；君子因此在日常言語方面必須切合實際，而居家行事則必須守恆不變。

初九，防止邪惡然後保有其家，悔恨必能消亡。《象傳》說：防止邪惡然後保有其家，說明初九在家人心志尚未轉變的時候就預先防範邪惡行為。

六二，無所成就，主管家中飲食事宜，守持正固可獲吉祥。《象傳》說：六二的吉祥，是由於柔順溫遜所致。

九三，一家人傷怨嗷嗷，儘管有悔恨及危險，但可獲吉祥。若讓婦人孩童笑鬧嘻嘻，終致憾惜。《象傳》說：一家人傷怨嗷嗷，說明此時家人尚未敢放逸縱樂。婦人孩童笑鬧嘻嘻，則顯然有失家中禮節。

六四，增富其家，大為吉祥。《象傳》說：增富其家而大為吉祥，是由於六四順承居於尊位的陽剛者所致。

九五，君王用美德感格眾人然後保有其家，無需憂慮，必獲吉祥。《象傳》說：君王用美德感格眾人然後保有其家，說明此時人人交相親愛和睦。

上九，心有誠信，威嚴治家，終獲吉祥。《象傳》說：威嚴治家的吉祥，表明上九要先反身嚴格要求自己。

【綜論】

　　《家人》卦揭明如何「治家」的道理。卦辭專稱「女子」守正獲吉，六爻卻併發男女「正家」之義。深究作《易》者的意旨，卦辭之所以強調女子守正，乃在於責求女子須絕對「柔順」、無所專遂：「婦德」緣此能立，「家道」於是不失。其實，真正的治家主權自然非「男」莫屬，上九「威嚴治家」的譬喻，便成為「男權」的絕好象徵。至於本卦蘊含的超乎「家人」之外的意義，從《彖傳》「正家而天下定」一語，及《大象傳》關於「君子」居家不忘修言行、美風化的闡述中，可以看出貫穿在「身」、「家」、「天下」之間的一條具有濃厚政治色彩的線索，並與《禮記‧大學》「修身，齊家，治國，平天下」的思想密合無間。

☙ 睽卦第三十八 ❧

【題解】

　　此卦下兌（☱）上離（☲），象徵「乖背睽違」。全卦透過展示事物相互睽背的情狀，闡明如何化「睽」為「合」的道理。睽，同「暌」。

【原文】

　　☲ 睽，小事吉。

　　彖曰：睽，火動而上，澤動而下。二女同居，其志不同行。說而麗乎明[①]，柔進而上行，得中而應乎剛，是以小事吉。天地睽而其事同也，男女睽而其志通也，萬物睽而其事類也。睽之時用大矣哉！

　　象曰：上火下澤，睽；君子以同而異。

　　初九，悔亡。喪馬，勿逐自復。見惡人[②]，无咎。象曰：見惡

人，以辟咎也③。

　　九二，遇主於巷，无咎。象曰：遇主於巷，未失道也。

　　六三，見輿曳，其牛掣。其人天且劓④。无初有終。象曰：見輿曳，位不當也。无初有終，遇剛也。

　　九四，睽孤。遇元夫，交孚，厲无咎。象曰：交孚无咎，志行也。

　　六五，悔亡，厥宗噬膚，往何咎？象曰：厥宗噬膚，往有慶也。

　　上九，睽孤，見豕負塗⑤，載鬼一車，先張之弧，後說之弧⑥；匪寇，婚媾。往遇雨則吉。象曰：遇雨之吉，群疑亡也。

【注釋】

　　①說：即「悅」。　麗：附麗。

　　②見惡人：猶言謙遜地接待與自己對立的惡人。

　　③辟：通「避」。

　　④天：古代髡（ㄎㄨㄣ）髮之刑（即剃削罪人的鬢髮）。劓（一ˋ）：古代割鼻之刑。

　　⑤豕（ㄕˇ）：豬。塗：此處是指污泥。

　　⑥說：通「脫」。

【譯文】

　　☲☱　《睽》卦象徵乖背睽違：小心處事可獲吉祥。

　　《彖傳》說：乖背睽違，恰似火焰燃動炎上，澤水流動潤下（兩相逆行）。又如兩個女子同居一室，志向不同而行為乖背。此時應當保持和悅之性而附著於光明，用柔順之道求進而後向上直行，還要處事適中並應合於陽剛者，這就是小心行事可獲吉祥的道理。天地上下乖睽但化育萬物的事理卻相同，男女陰陽乖睽但交感求合的心志卻相通，天下萬物乖背睽違但稟受天地陰陽氣質的情實卻相類似：乖睽之時有待施用的領域是多麼廣大啊！

　　《象傳》說：火炎上而澤潤下，象徵乖背睽違；君子因此謀求大

同而並存小異。

初九，悔恨消亡。馬匹走失，不用追逐而靜俟其自行歸來。接待與己對立的惡人，不致咎害。《象傳》說：接待與己對立的惡人，是為了避免乖背睽違激化而導致的咎害。

九二，在巷道中不期然遇合主人，必無咎害。《象傳》說：在巷道中不期然遇合主人，說明九二未曾違失處睽之道。

六三，似乎看見大車被拖曳難行，駕車的牛受牽制不進；又恍如自己身受削髮截鼻的酷刑。起初乖睽，終將歡合。《象傳》說：似乎看見大車被拖曳難行，這是六三居位不妥當所致。起初乖睽終將歡合，說明六三最後與相應的陽剛遇合。

九四，乖背睽違而孑然孤立。遇合陽剛大丈夫，交相誠信，雖有危險也能免遭咎害。《象傳》說：交相誠信而不遭咎害，說明九四在踐行濟睽的志向。

六五，悔恨消滅，相應的宗親者正像在咬齧柔嫩的皮膚一樣以和順之道謀求遇合，前往應合有何咎害？《象傳》說：相應的宗親者正像在咬齧柔嫩的皮膚一樣以和順之道謀求遇合，說明六五此時前往應合必有嘉慶。

上九，睽違至極而孤獨狐疑，恍如看見醜豬背負污泥，又見一輛大車滿載鬼怪在奔馳，先是張弓欲射，後又放下弓矢；原來並非強寇，而是與己婚配的佳麗。此時前往遇到陰陽和合的甘雨必獲得吉祥。《象傳》說：遇到陰陽和合的甘雨必獲得吉祥，說明上九的種種猜疑都已經消失。

【綜論】

《睽》卦取名「乖背睽違」，卦旨卻在於揭示「合睽」之理。卦辭表明事物雖「睽」，必有可同、可合之處，用柔和細緻的方法順勢利導，乖背能消，睽違終合。卦中六爻雖在「睽」時，卻均能以「小心」、「委婉」之道，並收「濟睽」、「合睽」之功，而未嘗一爻久睽不合。從各爻的義理中，可以明顯看出《周易》作者對於事物

「同」、「異」、「睽」、「合」辯證關係的認識。《彖傳》稱「天地睽而其事同也，男女睽而其志通也，萬物睽而其事類也」，正闡發這一意義。至於《大象傳》所明「求大同，存小異」的旨趣，則是對「小心處睽」這一抽象概念的具體發揮，使本卦的哲學內涵進一步顯露出應有的光彩。

∞ 蹇卦第三十九 ∞

【題解】

　　此卦下艮（☶）上坎（☵），象徵「蹇難」。全卦揭示事物發展過程中曲折不順的情狀，指明濟涉蹇難的可行之道。

【原文】

　　☷　蹇[①]，利西南，不利東北。利見大人，貞吉。

　　彖曰：蹇，難也，險在前也。見險而能止，知矣哉！蹇，利西南，往得中也。不利東北，其道窮也。利見大人，往有功也。當位貞吉，以正邦也。蹇之時用大矣哉！

　　象曰：山上有水，蹇；君子以反身修德。

　　初六，往蹇，來譽。象曰：往蹇來譽，宜待也。

　　六二，王臣蹇蹇，匪躬之故[②]。象曰：王臣蹇蹇，終无尤也。

　　九三，往蹇，來反。象曰：往蹇來反，內喜之也。

　　六四，往蹇，來連[③]。象曰：往蹇來連，當位實也。

　　九五，大蹇，朋來。象曰：大蹇朋來，以中節也。

　　上六，往蹇，來碩。吉，利見大人。象曰：往蹇來碩，志在內也。利見大人，以從貴也。

【注釋】

①蹇（ㄐㄧㄢˇ）：行走艱難之狀。

②躬：自身。

③連：接連蹇難。

【譯文】

☳☶　《蹇》卦象徵蹇難：利於走向西南平地，不利於走向東北山麓。利於出現大人，守持正固可獲吉祥。

《彖傳》說：蹇，意思是行走艱難，猶如險境就在前方，行走必難。出現險境而能停止不前，堪稱明智啊！蹇難，利於走向西南平地，這樣前往就能合宜適中。不利於走向東北山麓，往東北必將路困途窮。利於出現大人，說明前往濟蹇必能建功。居位適當而守持正固可獲吉祥，說明可以排除蹇難而端正邦國。處在蹇難之時濟蹇的功用是多麼宏大啊！

《象傳》說：高山上有惡水，象徵蹇難；君子因此當蹇難之時反求於自身而努力修養道德。

初六，往前將遇蹇難，歸來必獲美譽。《象傳》說：往前將遇蹇難而歸來必獲美譽，表明初六應當等待時機以濟蹇。

六二，君王的臣僕努力匡濟蹇難，並非為了自身私事。《象傳》說：君王的臣僕努力匡濟蹇難，說明六二濟蹇終將無所過尤。

九三，往前將遇蹇難，歸來返居其所。《象傳》說：往前將遇蹇難而歸來返居其所，說明內部陰柔者都欣喜九三陽剛歸返。

六四，往前將遇蹇難，歸來又逢蹇難。《象傳》說：往前遇到蹇難而歸來又逢蹇難，說明六四正當本實之位而蹇難實非妄招。

九五，大為蹇難，友朋紛紛來歸。《象傳》說：大為蹇難而友朋紛紛來歸，說明九五保持中正氣節於是喜獲眾助以濟蹇。

上六，往前必遇蹇難，歸來可建大功。吉祥，利於出現大人。《象傳》說：往前必遇蹇難而歸來可建大功，說明上六的志向在於聯

合內部共同濟蹇。利於出現大人，說明上六應當附從尊貴的陽剛君主。

【綜論】

　　《蹇》卦的喻旨，是揭示濟蹇涉難的道理。卦辭之義約有三端：一、濟蹇必須進退合宜；二、具有號召力的「權威」性的「大人」是濟蹇的主導因素；三、濟蹇務必守正不邪。卦中六爻，便圍繞這三方面意義，展示了在不同環境、地位中「濟蹇者」的情狀。就六爻的整體寓意看，各爻均教人善於處蹇，勉力濟蹇；但全卦到了上爻才言「吉祥」，似乎隱含著匡濟蹇難必須經歷長期、艱苦的過程，才能見其功效。《孟子·告子下》說「必先苦其心志，勞其筋骨，餓其體膚」，似與這一道理大同小異。

❧ 解卦第四十 ❧

【題解】

　　此卦下坎（☵）上震（☳），象徵「舒解」。全卦表明事物在特定的條件下，必須透過排患、舒險、解難，才能求得一種安寧平和的環境。

【原文】

　　☳ 解，利西南。无所往，其來復吉。有攸往，夙吉①。
　　彖曰：解，險以動，動而免乎險，解。解，利西南，往得眾也。其來復吉，乃得中也。有攸往，夙吉，往有功也。天地解而雷雨作，雷雨作而百果草木皆甲坼②。解之時大矣哉！
　　象曰：雷雨作，解；君子以赦過宥罪。
　　初六，无咎。象曰：剛柔之際，義无咎也。

九二，田獲三狐，得黃矢，貞吉。象曰：九二貞吉，得中道也。

六三，負且乘，致寇至。貞吝。象曰：負且乘，亦可醜也。自我致戎，又誰咎也？

九四，解而拇，朋至斯孚。象曰：解而拇，未當位也。

六五，君子維有解③，吉，有孚於小人。象曰：君子有解，小人退也。

上六，公用射隼於高墉之上④，獲之，无不利。象曰：公用射隼，以解悖也⑤。

【注釋】

①夙：早也。此處義與「速」通。

②甲：這裡是指植物種子的皮殼。坼（ㄔㄜˋ）：破裂。

③維：語氣詞。

④隼（ㄓㄨㄣˇ）：即鷹，惡鳥。墉：城牆。

⑤悖：指悖逆者。

【譯文】

☷　《解》卦象徵舒解險難：利於西南眾庶之地。沒有危難而無所前往之時，返回安居其所可獲吉祥。出現危難而有所前往之際，及早前去必有吉祥。

《彖傳》說：舒解險難，猶如身處險境而能奮動，奮動解脫就避免落入險陷，這就是舒解。舒解險難，利於西南眾庶之地，說明前往解難必將獲得眾人擁護。沒有危難而無所前往之時返回安居其所可獲吉祥，這樣就能合宜適中。出現危難而有所往之際，及早前去必有吉祥，說明前往解難必能建功。天地舒解於是雷雨興起，雷雨興起於是百果草木的種子舒展萌芽而綻開外皮。舒解之時的功效是多麼宏大啊！

《象傳》說：雷雨興起於是草木萌芽，象徵舒解；君子因此赦免過失並寬宥罪犯。

　　初六，險難初解而無所咎害。《象傳》說：初六與九四剛柔互為交際相應，從舒解險難的意義看必無咎害。

　　九二，田獵捕獲三隻隱伏的狐狸，擁有黃色箭矢似的剛直中和美德，守持正固可獲吉祥。《象傳》說：九二守持正固可獲吉祥，說明有得於居中不偏之道。

　　六三，背負重物而身乘大車，必致強寇前來奪取。守持正固以防憾惜。《象傳》說：背負重物而身乘大車，說明六三的行為也太過醜惡了。由於自身無德竊位而招致兵戎之難，又該歸咎於誰呢？

　　九四，像舒解你足大趾的隱患一樣擺脫小人的糾附，然後友朋就能前來以誠信之心相應。《象傳》說：像舒解你的足大趾的隱患一樣擺脫小人的糾附，說明九四居位尚未妥當。

　　六五，君子能夠舒解險難，必獲吉祥，甚至能用誠信之德感化小人。《象傳》說：君子能夠舒解險難，說明小人必將畏服退縮。

　　上六，王公發矢射擊竊居高城之上的惡隼，一舉射獲，無所不利。《象傳》說：王公發矢射擊惡隼，說明上六是在舒解悖逆者造成的險難。

【綜論】

　　《解》卦說明「舒解」險難的道理。卦辭先言解難利在施於眾庶之地，強調使群情共獲舒緩。然後揭示解難的基本原則：無難，以返回安居為吉；有難，以早去速解為吉。可見，本卦所謂「解難」是手段，追求安寧平和的環境才是目的。六爻的喻義，側重於展示「解難」過程的具體情狀，反覆申言清除「小人」、排解「內患」的重要意義。而全卦之「難」集於六三，以致諸爻群起而「解」之。視三以陰居內卦坎險之上，實喻「內部隱患」。那麼，此卦所示「舒解」之時的主要矛盾，亦即危害安寧環境的重要因素，無疑是在「內」、在「隱」了。

損卦第四十一

【題解】

　　此卦下兌（☱）上艮（☶），象徵「減損」。全卦揭示事物有時必須在某個方面作一定的減損，才能獲益。並側重指出「損下益上」的道理。

【原文】

　　☶　損，有孚，元吉，无咎，可貞，利有攸往。曷之用[1]？二簋可用享[2]。

　　彖曰：損，損下益上，其道上行。損而有孚，元吉，无咎，可貞，利有攸往。曷之用？二簋可用享。二簋應有時，損剛益柔有時。損益盈虛，與時偕行。

　　象曰：山下有澤，損；君子以懲忿窒欲[3]。

　　初九，已事遄往[4]，无咎，酌損之。象曰：已事遄往，尚合志也[5]。

　　九二，利貞，征凶。弗損益之。象曰：九二利貞，中以為志也。

　　六三，三人行，則損一人。一人行，則得其友。象曰：一人行，三則疑也。

　　六四，損其疾，使遄有喜，无咎。象曰：損其疾，亦可喜也。

　　六五，或益之十朋之龜[6]，弗克違，元吉。象曰：六五元吉，自上祐也。

　　上九，弗損益之。无咎，貞吉，有攸往，得臣无家。象曰：弗損益之，大得志也。

【注釋】

　　①曷（ㄏㄜˊ）：疑問代詞，猶「何」。

　　②簋（ㄍㄨㄟˇ）：盛放食物的方形竹器。享：奉獻。

　　③窒（ㄓˋ）：堵塞。

④已：完成。遄（ㄔㄨㄢˊ）：迅速。

⑤尚：通「上」。

⑥朋：古代貨幣單位，以雙貝為一朋。

【譯文】

　　☶　《損》卦象徵減損：心存誠信，至為吉祥，必無咎害，可以守持正固，利於有所前往。減損之道用什麼來體現呢？兩簋淡食就足以奉獻給尊者與神靈。

　　《彖傳》說：減損，意思是減損於下而增益於上，其道理是下者有所奉獻於尊上。減損之時能夠心存誠信，於是至為吉祥，必無咎害，可以守持正固，利於有所前往。減損之道用什麼來體現呢？兩簋淡食就足以奉獻給尊者與神靈。奉獻兩簋淡食必須應合其時，減損處下之陽剛以增益居上之陰柔也要適時。事物的減損增益與盈滿虧虛，都是配合其時而自然進行的。

　　《象傳》說：山下有深澤（猶如澤自損以增山高），象徵減損；君子因此抑止憤怒而堵塞邪欲以自損不善。

　　初九，完成了自我修養之事就迅速前往輔助尊者，必無咎害，應當斟酌減損自己的剛質。《象傳》說：完成了自我修養之事就迅速前往輔助尊者，說明初九與尊上心志合一。

　　九二，利於守持正固，急躁冒進將有凶險。不必自我減損就可以施益於上。《象傳》說：九二利於守持正固，說明應當以堅守中道作為自己的志向。

　　六三，三人同行欲求一陽，將損彼陽剛一人。一人獨行專心求合，就能得其強健友朋。《象傳》說：一人獨行專心求合，說明若三人同行將使對方疑惑無主。

　　六四，自我減損思戀的疾患，能夠迅速接納陽剛必有喜慶，不致咎害。《象傳》說：自我減損思戀的疾患，說明六四能夠接納陽剛也頗為可喜。

　　六五，有人進獻價值十朋的大寶龜，無法辭謝，至為吉祥。《象

傳》說：六五至為吉祥，這是從上天施予的祐助。

　　上九，不用自我減損即可施益於人。必無咎害，守持正固可獲吉
祥，利於有所前往，將得到廣大臣民的擁戴而不限於一家。《象傳》
說：不用自我減損即可施益於人，說明上九大得施惠天下的心志。

【綜論】

　　《損》卦之義，重在「損下益上」。卦辭指出，「減損」之道應
當以「誠信」為本，只要心誠，雖微薄之物亦足以「益上」。當然，
損下不可濫損，益上不可濫益，宋·程頤曾用「壘土築牆」為喻：損
取牆下土石增益牆上，若取之不正，用非其時，則牆必危墜（見程
頤《易傳》）。卦中六爻，下三爻處下自損，上三爻居上受益；而
《易》爻陰陽對應的情狀，在本卦中體現為上下適時損益的關係。諸
爻的喻旨，或「酌損」，或「勿損」，或「損所當損」，或「損中有
益」。至於上九因所受之益廣益天下，表露了損益互為轉化的哲理，
說明「自損」者損極必獲益，「受益」者益極當益人。廣而言之，此
卦所喻示的損益之間的辯證關係，施之於「修身」、「治學」等事，
也頗有啟發意義。

⚘ 益卦第四十二 ⚘

【題解】

　　此卦下震（☳）上巽（☴），象徵「增益」。全卦揭示事物有時
必須獲得增益的道理，大旨主於「益下損上」，與《損》卦適可對
照。

【原文】

　　☴☳　益，利有攸往，利涉大川。

彖曰：益，損上益下，民說无疆。自上下下，其道大光。利有攸往，中正有慶。利涉大川，木道乃行。益動而巽，日進无疆。天施地生，其益无方。凡益之道，與時偕行。

　　象曰：風雷，益；君子以見善則遷[1]，有過則改。

　　初九，利用為大作。元吉，无咎。象曰：元吉无咎，下不厚事也。

　　六二，或益之十朋之龜，弗克違，永貞吉。王用享于帝，吉。象曰：或益之，自外來也。

　　六三，益之用凶事[2]，无咎。有孚中行，告公用圭[3]。象曰：益用凶事，固有之也。

　　六四，中行告公從，利用為依遷國。象曰：告公從，以益志也。

　　九五，有孚惠心，勿問元吉。有孚惠我德。象曰：有孚惠心，勿問之矣。惠我德，大得志也。

　　上九，莫益之，或擊之。立心勿恆，凶。象曰：莫益之，偏辭也[4]。或擊之，自外來也。

【注釋】

　　①遷：就，猶言「嚮往」。

　　②凶事：指救凶平險之事。

　　③圭（《ㄨㄟ）：玉器名，古代天子、諸侯祭祀或朝聘時，卿大夫等執此以表示「信」。

　　④偏辭：此處猶言片面求益之辭。偏，片面。

【譯文】

　　☲　《益》卦象徵增益：利於有所前往，利於涉越大河巨流。

　　《彖傳》說：增益，意思是減損於上而增益於下，於是民眾就欣悅不可限量。從上方施利於下，其道義必能大放光芒。施行增益利於有所前往，說明尊者剛中純正必將大呈慶祥。利於涉越大河巨流，正如木舟渡水征途通暢。增益之時下者興動而上者遜順，其益就能日日

增進廣大無疆。恰似上天施降利惠而大地受益化生，自然界的施化之益遍及萬方。事物當增益之時所體現的道理，說明要配合其時施行得當。

《象傳》說：風雷交助，象徵增益；君子因此見到善行就傾心效法，有了過錯就迅速改正。

初九，利於大有作為，至為吉祥，必無咎害。《象傳》說：至為吉祥而必無咎害，說明初九處位低下原本不能勝任大事（但此時獲益則可以大有作為）。

六二，有人賜下價值十朋的大寶龜，無法辭謝，永久守持正固可獲吉祥。此時君王正在獻祭天帝（祈求降福），吉祥。《象傳》說：有人賜下（價值十朋的大寶龜），說明六二所受增益是從外部不召自來。

六三，受益至多應當施用於救凶平險的事務，必無咎害。要心存誠信而持中慎行，時時像手抓圭器致意於王公一樣恭敬虔誠。《象傳》說：受益至多應當施用於救凶平險的事務，說明六三只有這樣才能牢固保有所獲之益。

六四，持中慎行而致意於王公必能言聽計從，利於依附君上遷國益民。《象傳》說：致意於王公必能言聽計從，說明六四以增益天下的心志勸諫王公。

九五，懷抱真誠信實地施惠天下的心願，毫無疑問是至為吉祥的。天下人也必將真誠信實地感惠報答我的恩德。《象傳》說：懷抱真誠信實地施惠天下的心願，說明至為吉祥是不用問的；天下人也必將感惠報答我的恩德，說明九五大得損上益下的心志。

上九，沒有人增益他，有人攻擊他。居心不常安而貪求無厭，有凶險。《象傳》說：沒有人增益他，足見上九片面發出求益的言辭。有人攻擊他，這是從外部不招自來的凶險。

【綜論】

《益》卦之旨，重在「減損於上，增益於下」。用「壘土築牆」

作比喻：猶如損取牆上多餘的土石，增益牆下根基，則牆基充實，牆體安固（見程頤《易傳》）。因此，卦辭盛稱「益」道美善可行。六爻大義，下三爻主於「受益」，上三爻主於「自損」。諸爻處「益」，多有可取，唯上九極處高位，損人利己，故被擊致凶。若將《損》、《益》兩卦相比較，還可以看出，兩者的主旨是相通互補的：損下足以益上，上者受益又當施惠於下；損上足以益下，下者受惠亦可轉益於上。顯然，損益的轉化之理，著重揭示了事物發展過程中時常體現的利、弊、禍、福的交互變化規律。

❧ 夬卦第四十三 ❧

【題解】

　　此卦下乾（☰）上兌（☱），象徵「決斷」。全卦從陰陽矛盾激化的角度，揭示陽剛應當決裁陰柔，亦即「君子」應當消除「小人」，「正氣」應當壓倒「邪氣」的道理。

【原文】

　　䷪　夬[①]，揚於王庭，孚號有厲。告自邑，不利即戎。利有攸往。

　　彖曰：夬，決也，剛決柔也。健而說，決而和。揚於王庭，柔乘五剛也。孚號有厲，其危乃光也。告自邑，不利即戎，所尚乃窮也。利有攸往，剛長乃終也。

　　象曰：澤上于天，夬；君子以施祿及下，居德則忌[②]。

　　初九，壯於前趾，往不勝為咎。象曰：不勝而往，咎也。

　　九二，惕號，莫夜有戎[③]，勿恤。象曰：有戎勿恤，得中道也。

　　九三，壯於頄[④]，有凶。君子夬夬獨行[⑤]，遇雨若濡，有慍，无咎。象曰：君子夬夬，終无咎也。

九四，臀无膚，其行次且⑥。牽羊悔亡，聞言不信。象曰：其行次且，位不當也。聞言不信，聰不明也。

九五，莧陸夬夬⑦，中行无咎。象曰：中行无咎，中未光也。

上六，无號，終有凶。象曰：无號之凶，終不可長也。

【注釋】

①夬（ㄍㄨㄞˋ）：即「決」，猶言「決斷」、「果決」。

②忌：《說文》釋為「憎惡」。

③莫：即「暮」。

④頄（ㄎㄨㄟˊ）：顴骨。

⑤夬夬：謂決而又決，猶言「剛毅果斷」。

⑥次且（ㄗ ㄐㄩ）：雙聲連綿詞，亦作「趑趄」，行進困難之狀。

⑦莧（ㄒㄧㄢˋ）陸：草名，亦稱「馬齒莧」，其枝葉柔脆易折。

【譯文】

☰ 《夬》卦象徵決斷：可以在君王法庭上公佈小人的罪惡予以制裁，並心懷誠信地號令眾人戒備危險。此時應當頒告政令於城邑上下，不利於興師出兵用強力制裁。這樣就能利於有所前往。

《彖傳》說：夬，意思是決斷，恰如陽剛果決制裁陰柔小人。於是藉由剛健手段令人心悅誠服，透過果決氣勢導致眾物協和。可以在君王法庭上公佈小人的罪惡予以制裁，說明此卦一柔爻肆意凌乘於五剛爻之上。心悅誠服地號令眾人戒備危險，說明時時危懼警戒就能光大處夬之道。此時應當頒告政令於城邑上下，不利於興師出兵用強力制裁，說明若崇尚武力必使處夬之道困窮。利於有所前往，說明陽剛盛長最終必能制勝陰柔。

《象傳》說：澤中水氣升騰於天（決然降雨），象徵決斷；君子因此要果決施降恩澤於下民，若積聚德惠不施必被憎惡。

初九，強盛在足趾前端，冒進前往必難取勝而反致咎害。《象傳》說：不能取勝而急於前往，說明初九若這樣必遭咎害。

　　九二，時刻戒惕呼號，儘管深夜出現戰事，也不必憂慮。《象傳》說：出現戰事也不必憂慮，說明九二深得居中慎行之道。

　　九三，強盛在臉部顴骨上，怒形於色必有凶險。君子應當剛毅果斷，獨自前行與小人周旋而待時決除，儘管遇到陰陽和合的雨並被沾濕身體，甚至惹人慍怒，但終究能制裁小人而不遭咎害。《象傳》說：君子應當剛毅果斷，說明九三若這樣終將能制裁小人而不遭咎害。

　　九四，臀部失去皮膚，行動趑趄難行。要是緊密牽繫著羊一般強健的陽剛尊者則悔恨必將消亡，無奈聽了此言不能信從。《象傳》說：行動趑趄難進，說明九四居位不妥當。聽了此言不能信從，說明九四儘管能聽其言卻不能明其理。

　　九五，像斬除柔脆的莧陸一樣剛毅果斷地清除小人，居中行正必無咎害。《象傳》說：居中行正必無咎害，說明九五的中正之道尚未光大。

　　上六，不必痛哭號咷，凶險終究難逃。《象傳》說：不必痛哭號咷而凶險難逃，說明上六的陰惡氣勢終究不能久長。

【綜論】

　　《夬》卦立義於「果決」，揭示陽剛正氣決除、制裁陰柔邪氣的規律，說明事物對立面的矛盾鬥爭在關鍵時刻或存或亡、不可調和的哲理。卦辭指出「君子」決除「小人」的三方面要領：一是公正無私，二是諭人戒惕，三是以德取勝。六爻之象，一陰高居五陽之上，恰如小人得勢，凌駕於諸多君子，必被決除。卦中陰陽爻的力量對比是十分懸殊的：以五陽之剛健盛長，制裁一陰之孤立困窮，可知陽勝陰敗，正存邪亡是無可置疑的結局。但陽剛雖佔優勢，卻不可掉以輕心，故爻辭時時發出處「夬」艱難的誡意。顯然，以「五陽」的強盛要徹底清除「一陰」既非輕而易舉，則當陰盛之時欲加以制裁，其難度更是可想而知了。此中作《易》者流露的「君子」戒防「小人」的用心，實甚深切。

姤卦第四十四

【題解】

此卦下巽（☴）上乾（☰），象徵「相遇」。全卦揭明事物之間陰陽遇合的規律，並極力否定不正當、不合理的求「遇」之道。

【原文】

☰　姤[①]，女壯，勿用取女[②]。

象曰：姤，遇也，柔遇剛也。勿用取女，不可與長也。天地相遇，品物咸章也。剛遇中正，天下大行也。姤之時義大矣哉！

象曰：天下有風，姤；后以施命誥四方。

初六，繫于金柅[③]，貞吉。有攸往，見凶。羸豕孚蹢躅[④]。象曰：繫于金柅，柔道牽也。

九二，包有魚[⑤]，无咎。不利賓。象曰：包有魚，義不及賓也。

九三，臀无膚，其行次且。厲，无大咎。象曰：其行次且，行未牽也。

九四，包无魚，起凶。象曰：无魚之凶，遠民也。

九五，以杞包瓜。含章，有隕自天。象曰：九五含章，中正也。有隕自天，志不舍命也。

上九，姤其角，吝，无咎。象曰：姤其角，上窮吝也。

【注釋】

①姤（ㄍㄡˋ）：又寫作「遘」，遇也。

②用：宜。　取：通「娶」。

③柅（ㄋㄧˇ）：古代大車配件，即剎車器。

④孚：通「浮」。謂輕浮躁動。蹢躅（ㄓˊㄓㄨˊ）：同「躑躅」，不安靜而徘徊之狀。

⑤包：通「庖」。指廚房。

【譯文】

☰☴　《姤》卦象徵相遇：要是女子過分強盛，不宜娶作妻室。

《彖傳》說：姤，意思是相遇，猶如陰柔遇到陽剛就能相合。不宜娶這女子作妻室，說明不可與行為不正的女子相處久長。天地陰陽相互遇合，各類事物的發展都能顯明昭彰。剛者應當遇合居中守正的柔者，天下的人倫教化就大為通暢。相遇之時的意義是多麼宏大啊！

《象傳》說：天下吹行著和風無物不遇，象徵相遇；君子因此施發命令而傳告四方以求君臣上下遇合。

初六，緊緊繫結在大車的金屬剎車器上，守持正固可獲吉祥。要是急於有所前往，必將出現凶險，那就像羸弱的母豬輕浮躁動難以安靜。《象傳》說：緊緊繫結在大車的金屬剎車器上，說明初六必須守持柔順之道接受陽剛者的牽制。

九二，廚房裡發現一條魚，不致咎害，但不利於擅自用來宴享賓客。《象傳》說：廚房裡發現一條魚，從九二與初六本不相應的意義看，是不能擅自用來宴享賓客的。

九三，臀部失去皮膚，行動趑趄難進。有危險，但沒有重大咎害。《象傳》說：行動趑趄難進，說明九三的行為未曾牽制外物，因此雖無遇合也免遭邪傷。

九四，廚房裡失去一條魚，興起爭執必有凶險。《象傳》說：失去一條魚而有兇險，說明九四（居於上卦猶如）遠離下民而失去民心。

九五，用杞樹枝葉庇護樹下的甜瓜。內心含藏章美，必然有理想的遇合從天而降。《象傳》說：九五內心含藏章美，是因為居中守正。必然有理想的遇合從天而降，說明九五的心志不違背天命。

上九，遇見空蕩的角落，心有憾惜，但不遭咎害。《象傳》說：遇見空蕩的角落，說明上九居位窮高極上而導致相遇無人的憾惜。

【綜論】

《姤》卦闡明事物相遇、相合之理。卦辭從反面說理：先用「女子強壯」譬喻卦中初陰與五陽的關係是「一女遇五男」，進而戒人勿娶此「女」。可見，作者主張「相遇」之道必須合「禮」守「正」，而對不正當的遇合深惡痛絕。六爻大義，初六之陰是全卦設誡的主要因素，須專一繫應於陽剛，守正則吉；若輕浮躁動，邪媚求遇必凶。五陽爻的處「遇」情狀，則主於嚴守正道，避防陰邪，不可盲目求遇不正之陰。若從正面義理分析，此卦深寓對理想、美好的「上下遇合」的尋求；尤其九五是修德求賢的典型象徵，流露出對「君臣際遇」從天而降的期望，實屬本卦所蘊含的政治思想的體現。

⊱ 萃卦第四十五 ⊰

【題解】

此卦下坤（☷）上兌（☱），象徵「會聚」。全卦揭示事物相互會聚的道理，側重以人與人在政治關係中的相聚為喻。

【原文】

☷ 萃，亨[①]，王假有廟。利見大人，亨利貞。用大牲吉，利有攸往。

彖曰：萃，聚也。順以說，剛中而應，故聚也。王假有廟，致孝享也。利見大人亨，聚以正也。用大牲吉，利有攸往，順天命也。觀其所聚，而天地萬物之情可見矣！

象曰：澤上於地，萃；君子以除戎器，戒不虞。

初六，有孚不終，乃亂乃萃。若號，一握為笑。勿恤，往无咎。
象曰：乃亂乃萃，其志亂也。

六二，引吉，无咎。孚乃利用禴②。象曰：引吉无咎，中未變也。

六三，萃如嗟如，无攸利。往无咎，小吝。象曰：往无咎，上巽也。

九四，大吉，无咎。象曰：大吉无咎，位不當也。

九五，萃有位，无咎，匪孚。元永貞，悔亡。象曰：萃有位，志未光也。

上六，齎咨涕洟③，无咎。象曰：齎咨涕洟，未安上也。

【注釋】

①亨：據陸德明《經典釋文》、朱熹《周易本義》之説，及馬王堆漢墓《帛書周易》，此「亨」字當為衍文，宜刪。

②禴（ㄩㄝˋ）：殷代春祭之稱，屬較微薄之祭。

③齎咨（ㄐㄧ ㄗ）：疊韻連綿詞，悲歎之聲。

【譯文】

☷ 《萃》卦象徵會聚：亨通，此時君王用美德感格神靈以保有廟祭。利於出現大人，前景亨通而利於守持正固。用大牲祭祀可獲吉祥，利於有所前往。

《彖傳》說：萃，意思是會聚。猶如物情和順欣悅之時，陽剛居上者能夠守持中道並應合於下，就能廣聚眾庶。此時君王用美德感格神靈以保有廟祭，這是表達對祖考的孝意及奉獻至誠之心。利於出現大人而前景亨通，說明大人主持會聚必能遵循正道。用大牲祭祀可獲吉祥，利於有所前往，說明會聚之時必須順從「天命」的規律。觀察會聚現象，天地萬物的性情就可以明白了！

《象傳》說：澤居地上水潦歸匯，象徵會聚；君子因此修治兵器，戒備群聚之時可能產生的變亂。

初六，內心誠信不能保持至終，導致行動紊亂並與人妄聚。若專情向上呼號，就能與陽剛友朋一握手間重見歡笑。不需憂慮，往前必

無咎害。《象傳》說：行動紊亂並與人妄聚，說明初六的心志產生迷亂。

六二，受人牽引相聚可獲吉祥，不致咎害。只要心存誠信則微薄的「禴祭」也利於獻享神靈。《象傳》說：受人牽引相聚可獲吉祥而不致咎害，說明六二居中守正的心志未曾改變。

六三，相聚無人以致嗟歎聲聲，無所利益。往前進取將免遭咎害，但小有憾惜。《象傳》說：往前進取將免遭咎害，說明六三尚能向上馴順於陽剛。

九四，大為吉祥，不致咎害。《象傳》說：大為吉祥而後才不致咎害，說明九四居位尚不夠妥當。

九五，會聚之時高居尊位，不遭咎害，但未能廣泛取信於眾。作為有德君長應當永久不渝地守持正固，悔恨必將消亡。《象傳》說：會聚之時高居尊位，說明九五會聚天下的心志尚未光大。

上六，咨嗟哀歎而又痛哭流涕，可免咎害。《象傳》說：咨嗟哀歎而又痛哭流涕，說明上六求聚不得未能安居於窮上之位。

【綜論】

《萃》卦揭明事物「會聚」之理。卦辭擬象於「君王」、「大人」以亨通守正而獲利。卦中四陰主於求聚於人，二陽主於獲人來聚。縱觀六爻喻旨，未有一爻呈現「凶」象，即使上六求聚不得，亦以憂懼知危而免害。但也未有一爻順暢完美地得遂聚合之願，雖九五陽剛中正，也多見誠意。於是，六爻一律繫以「無咎」之辭。由此可以看出，《周易》作者認為，「會聚」之時稍一失正即生變亂，故極力強調要長存戒防處患之心。《大象傳》中發「修治兵器，以備不虞」的意義，正是這一方面旨趣的集中體現。

❧ 升卦第四十六 ❧

【題解】

　　此卦下巽（☴）上坤（☷），象徵「上升」。全卦喻示事物順勢上升，積小成大的道理。

【原文】

　　䷭　升，元亨。用見大人，勿恤。南征吉。

　　彖曰：柔以時升，巽而順，剛中而應，是以大亨。用見大人，勿恤，有慶也。南征吉，志行也。

　　象曰：地中生木，升；君子以順德，積小以高大。

　　初六，允升①，大吉。象曰，允升大吉，上合志也。

　　九二，孚乃利用禴，无咎。象曰，九二之孚，有喜也。

　　九三，升虛邑②。象曰：升虛邑，无所疑也。

　　六四，王用亨于岐山，吉，无咎。象曰：王用亨于岐山，順事也。

　　六五，貞吉，升階③。象曰：貞吉升階，大得志也。

　　上六，冥升，利于不息之貞。象曰：冥升在上，消不富也。

【注釋】

　　①允：當也。猶言「宜」。

　　②虛：空。

　　③升階：沿著臺階上升。

【譯文】

　　䷭　《升》卦象徵上升：至為亨通。宜於出現大人，不需憂慮。向光明的南方進發必獲吉祥。

　　《彖傳》說：沿著柔道適時上升，和遜而又柔順，陽剛居中而能向上應合於尊者，所以大為吉祥。宜於出現大人，不需憂慮，說明此

時上升必有福慶。向光明的南方進發必獲吉祥，說明上升的心志如願暢行。

《象傳》說：地中生出樹木，象徵上升；君子因此順行美德，積累小善以成就崇高宏大的事業。

初六，宜於上升，大為吉祥。《象傳》說：宜於上升大為吉祥，說明初六上承順合二陽的心志而俱升。

九二，只要心存誠信，即使微薄的禴祭也利於薦亨神靈，不致咎害。《象傳》說：九二的誠信美德，必將帶來喜慶。

九三，上升順暢猶如直入空虛的城邑。《象傳》說：上升順暢猶如直入空虛的城邑，說明九三此時上升可以無所疑惑。

六四，君王來到岐山祭祀神靈，吉祥，必無咎害。《象傳》說：君王來到岐山祭祀神靈，說明六四要順從服事君上。

六五，守持正固可獲吉祥，恰似沿著臺階步步上升。《象傳》說：守持正固可獲吉祥而恰似沿著臺階步步上升，說明六五大遂上升的心志。

上六，昏昧至甚卻仍然上升，利於不停息地守持正固。《象傳》說：昏昧至甚卻仍然上升而高居極位，說明上六的發展趨勢必將消亡不能富盛。

【綜論】

《升》卦闡明事物「上升」之道。卦辭稱揚「升」之時至為亨通，強調宜於出現具備「剛中」美德的「大人」，則可以順暢無憂地上升，並可趨赴光明，獲得吉祥。卦中六爻反映順勢求升的規律，大義主於「順性」上升，表明要遵循「自然規律」。這與《晉》卦主於「順明」求晉，側重揭示要附麗光明「積極進取」的意義頗有區別。唐・柳宗元著名寓言《種樹郭橐駝傳》，用植樹規諷為官、處事之道，極稱橐駝所自敘的「順木之天，以致其性」的植樹要訣（《柳河東集》），參之本卦《大象傳》謂「地中生木」為升，並稱「君子」當「順行美德，積小以成高大」諸語，可知二者寓意至相吻合。

⹀ 困卦第四十七 ⹀

【題解】

此卦下坎（☵）上兌（☱），象徵「困窮」。全卦大義，喻示事物如何善處困苦窮厄之時的道理。

【原文】

䷮　困，亨。貞，大人吉，无咎。有言不信。

彖曰：困，剛揜也①。險以說，困而不失其所亨，其唯君子乎？貞，大人吉，以剛中也。有言不信，尚口乃窮也。

象曰：澤无水，困；君子以致命遂志。

初六，臀困于株木，入于幽谷，三歲不覿，〔凶〕②。象曰：入於幽谷，幽不明也。

九二，困于酒食，朱紱方來③，利用享祀。征凶，无咎。象曰：困于酒食，中有慶也。

六三，困于石，據於蒺藜。入於其宮，不見其妻，凶。象曰：據於蒺藜，乘剛也。入于其宮，不見其妻，不祥也。

九四，來徐徐，困于金車。吝，有終。象曰：來徐徐，志在下也。雖不當位，有與也。

九五，劓刖④，困於赤紱。乃徐有說，利用祭祀。象曰：劓刖，志未得也。乃徐有說，以中直也。利用祭祀，受福也。

上六，困於葛藟，于臲卼⑤。曰動悔有悔，征吉。象曰：困於葛藟，未當也。動悔有悔，吉行也。

【注釋】

①揜（一ㄢˇ）：即「掩」。

②〔凶〕：依郭京《周易舉正》之説，及馬王堆漢墓出土的《帛書周易》，此處當有一「凶」字，茲據補。

③朱紱（ㄈㄨˊ）：借喻「榮祿」。紱是古代祭服的飾帶。

④劓（一、）：古代削鼻的酷刑。刖（ㄩㄝ、）：古代截足的酷刑。

⑤臲卼（ㄋㄧㄝ、ㄨ、）：動搖不安之狀。

【譯文】

☷　《困》卦象徵困窮：努力自濟必能亨通。應當守持正固，大人可獲吉祥，不致咎害。此時有所言未必見信於人。

《彖傳》說：困窮，表明陽剛被掩蔽不能伸展。面臨險難而心中愉悅，這樣雖處困窮也不失亨通的前景，大概只有君子才能如此吧！應當守持正固，大人可獲吉祥，說明濟困求亨要具備陽剛中和的美德。此時有所言未必見信於人，說明崇尚言辭不僅無益，反而將更窮厄。

《象傳》說：澤上無水，象徵困窮；君子因此當困窮之時寧可捨棄生命也要實現崇高的志向。

初六，臀部困在無枝葉的樹木下不能安處，只得退入幽深的山谷，三年不見露出面目，〔有凶險〕。《象傳》說：只得退入幽深的山谷，說明初六苟且藏身在幽暗不明的處所。

九二，酒食貧乏困窮，榮祿卻將到來，利於主持宗廟祭祀的大禮。此時進取固多凶險，但無咎害。《象傳》說：酒食貧乏困窮，說明九二只要守持中道就有福慶。

六三，困在巨石下石堅難入，憑據在蒺藜上棘刺難踐。即使退入自家居室，也盼不到配人為妻的一天，有凶險。《象傳》說：憑據在蒺藜上棘刺難踐，說明六三以陰柔乘凌陽剛之上。即使退入自家居室，也盼不到配人為妻的一天，這是不吉祥的現象。

九四，遲疑緩緩地前來，被一輛金車困阻。有所憾惜，但終能如願以償與配偶應合。《象傳》說：遲疑緩緩地前來，說明九四的心志在於求合下方的初六。儘管居位不妥當，但謹慎而行必能稱心如意。

九五，施用削鼻截足的刑罰治理眾人，以至困守在尊位。可以漸漸擺脫困境，利於舉行祭祀。《象傳》說：施用削鼻截足的刑罰治理眾人，說明九五濟困的心志未有所得。可以漸漸擺脫困境，這是守持

剛中正直之道所致；利於舉行祭祀，這樣就能承受神靈施降的福澤。

上六，困在葛藟蔓藤之間，又困在搖動危墜之處。應當想一想：既然動輒後悔就要趕快悔悟，這樣向前進取必獲吉祥。《象傳》說：困在葛藟蔓藤之間，說明上六所處地位未曾穩當。動輒後悔就要趕快悔悟，說明前行可以解困並獲得吉祥。

【綜論】

《困》卦展示處「困窮」之道。卦辭極力說明，只有「君子」才能身當困境、其道亨通，稱揚守正者可獲吉祥、無咎。並進一步指出，此時凡有所言均難見信於人，因此務須潔身自守，修美己德。卦中六爻分別展示不同的處「困」情狀，其中三陰爻柔暗懦弱，罹困至甚，初、三難免凶危，唯上六及早悔悟方可解困獲吉；三陽爻雖亦在「困」中，但均以陽剛氣質而守正脫困。可見處「困」之道陰陽有別，因人而異。若細緻體會本卦的「象外之旨」，還可以看出作《易》者的一層深切寓旨：困窮有時難以避免，正氣一刻不可消頹，《大象傳》稱「君子」舍生遂志，正見此旨。

⤳ 井卦第四十八 ⤶

【題解】

此卦下巽（☴）上坎（☵），象徵「水井」。全卦將「井」人格化，透過展示水井「養人」的種種美德，譬喻「君子」應當修美自身、惠物無窮。

【原文】

䷯　井，改邑不改井，无喪无得，往來井井。汔至亦未繘井[①]，羸其瓶，凶。

象曰：巽乎水而上水，井。井養而不窮也。改邑不改井，乃以剛中也。汔至亦未繘井，未有功也。羸其瓶，是以凶也。

象曰：木上有水，井；君子以勞民勸相。

初六，井泥不食，舊井无禽②。象曰：井泥不食，下也。舊井无禽，時舍也。

九二，井谷射鮒③，甕敝漏。象曰：井谷射鮒，无與也。

九三，井渫不食④，為我心惻。可用汲，王明，並受其福。象曰：井渫不食，行惻也。求王明，受福也。

六四，井甃⑤，无咎。象曰：井甃无咎，修井也。

九五，井洌，寒泉食。象曰：寒泉之食，中正也。

上六，井收，勿幕⑥。有孚，元吉。象曰：元吉在上，大成也。

【注釋】

①汔（ㄑㄧˋ）：接近。繘（ㄩˋ）：通「矞」，意謂「出」。

②舊：通「久」。

③鮒（ㄈㄨˋ）：小魚。

④渫（ㄒㄧㄝˋ）：掏去污泥使井水潔淨。

⑤甃（ㄓㄡˋ）：以磚修井。

⑥幕：蓋也。

【譯文】

☷　《井》卦象徵水井：城邑村莊可以改移而水井不可遷徙，每日汲引不致枯竭而泉流注入也不滿盈，往者來者都反覆不斷地依井為用。汲水時水瓶將升到井口尚未出井，此刻若使水瓶傾覆毀敗，必有凶險。

《彖傳》說：順沿水的滲性而往地下開孔引水向上，便是水井。水井養人的功德無窮無盡。城邑村莊可以改變而水井不可遷徙，就像君子恆守陽剛居中的美德。汲水時水瓶將升到井口尚未出井，說明此時尚未實現水井養人的功用。此刻若使水瓶傾覆毀敗，那就必然要導

致凶險。

《象傳》說：樹木上端有水分滲出（猶如水從井下汲上），象徵水井；君子因此效法「井養」之德努力為庶民操勞而勸勉百姓互相資助。

初六，井底污泥沉滯不可食用，此井久未修治連禽鳥也不屑一顧。《象傳》說：井底污泥沉滯不可食用，說明初六柔暗卑下。此井久未修治連禽鳥也不屑一顧，說明初六一時被外物所遺棄。

九二，井中居水的穴竅被枉作射取小魚之用，此時瓶甕破漏敝敗無物汲水。《象傳》說：井中居水的穴竅被枉作射取小魚之用，說明九二無人援引接應。

九三，水井淘治潔淨卻不被汲食，使我心中隱隱淒惻。應該趕快汲取這清澈的井水，君王聖明，君臣將共受福澤。《象傳》說：水井淘治潔淨卻不被汲食，說明九三的行為未被理解真令人淒惻。希望君王聖明，是為了君臣共受福澤。

六四，水井正在修治，必無咎害。《象傳》說：水井正在修治而必無咎害，說明六四但可修井不可急切施養於人。

九五，井水清澈，潔淨的寒泉可供食用。《象傳》說：潔淨的寒泉可供食用，表明九五具有陽剛中正的美德。

上六，水井的功事已成，不用覆蓋井口。此時心懷誠信，至為吉祥。《象傳》說：至為吉祥而高居上位，足見上六的井功已經大成。

【 綜論 】

《井》卦以擬人的方式，展示水井「養人」的美德。並透過治井、汲水的情狀，譬喻「君子」既須修己，又須惠物。卦辭一方面讚揚水井定居不移、不盈不竭、反覆施用的特性，描繪出守恆不渝、大公無私的「君子」形象；另一方面告誡人須謹防傾覆水瓶之凶，暗示修德惠人者要善始善終，不可功敗垂成。卦中六爻，從陰陽性質看，陽象井水，陰象井體。若就諸爻所喻之「井德」看，則初、四兩陰言井體有弊當修，二、三兩陽謂井水可汲當汲；五、上一陽一陰，前者

水潔味甘、人所共食，後者井功大成、施用無窮。總觀全卦的喻旨，無非強調「修身」與「養人」兩端。其中九五以潔淨的「寒泉」為象，最見「井德」佳美，寄託了作者對清明政治的殷殷期望之情。

☰ 革卦第四十九 ☰

【題解】

此卦下離（☲）上兌（☱），象徵「變革」。全卦揭示事物發展到一定程度亟待變更、改革的道理，並指出處「變革」之時的某些規律。

【原文】

☲　革：己日乃孚①，元亨，利貞，悔亡。

彖曰：革，水火相息。二女同居，其志不相得，曰革。己日乃孚，革而信之。文明以說，大亨以正，革而當，其悔乃亡。天地革而四時成。湯武革命，順乎天而應乎人。革之時大矣哉！

象曰：澤中有火，革；君子以治曆明時。

初九，鞏用黃牛之革②。象曰：鞏用黃牛，不可以有為也。

六二，己日乃革之，征吉，无咎。象曰：己日革之，行有嘉也。

九三，征凶，貞厲。革言三就，有孚。象曰：革言三就，又何之矣？

九四，悔亡，有孚改命，吉。象曰：改命之吉，信志也③。

九五，大人虎變，未占有孚。象曰：大人虎變，其文炳也。

上六，君子豹變，小人革面。征凶，居貞吉。象曰：君子豹變，其文蔚也。小人革面，順以從君也。

【注釋】

　　①己日：「己」居天干十位中的第六位，為前後五位的更轉互變之位，故以「己日」象徵「變革」的適當時機。

　　②鞏：固也。

　　③信：通「伸」。

【譯文】

　　▤　《革》卦象徵變革：在喻示轉變之時的「己日」推行變革才能取信於眾，前景至為亨通，利於守持正固，悔恨必將消亡。

　　《彖傳》說：變革，恰似水火相滅相生交互更革。又像兩個女子同居一室，雙方志趣不合終將生變，這就稱為變革。在喻示轉變之時的「己日」推行變革才能取信於眾，於是變革過程天下就紛紛信服。憑著文明的美德使人心愉悅，守持正固使前景大為亨通，這樣變革就穩妥得當，一切悔恨必將消亡。天地變革導致四季周轉。商湯、周武變革桀、紂的王命，那是既順從天的規律又應合百姓的願望。變革之時的功效是多麼宏大啊！

　　《象傳》說：水澤中有烈火，象徵變革；君子因此深知事物變革之理而撰制曆法以辨明四季的更遷。

　　初九，用黃牛的皮革束縛住。《象傳》說：用黃牛的皮革束縛住，說明初九不應當有任何變革的作為。

　　六二，在喻示轉變之時的「己日」斷然推行變革，往前進發必有吉祥，不致咎害。《象傳》說：在喻示轉變之時的「己日」斷然地推行變革，表明六二努力前行必獲美好結果。

　　九三，急於求進將生凶情，守持正固謹防危險。變革既已初見成效更須多番俯就人心安定大局，要胸懷誠信。《象傳》說：變革既已初見成效更須多番俯就人心安定大局，說明九三此時又何必過急前行呢？

　　九四，悔恨消亡，心存誠信以革除舊命，必獲吉祥。《象傳》

說：革除舊命必獲吉祥，說明九四要暢行變革之志。

九五，大人像猛虎一樣推行變革，毫無疑問必能昭明精誠信實的美德。《象傳》說：大人像猛虎一樣推行變革，說明九五的美德文彩炳煥。

上六，君子像豹子一樣助成變革，小人紛紛改變舊日傾向。此時繼續激進不止必有凶險，靜居守持正固可獲吉祥。《象傳》說：君子像豹子一樣助成變革，說明上六的美德因大人的輝映蔚然成彩。小人紛紛改變舊日傾向，這是順從君主的變革。

【綜論】

《革》卦揭示「變革」之理。卦辭集中強調變革取得成功的兩大要素：一是把握時機，二是存誠守正。以此行革，「亨通」可致，「悔恨」皆消。六爻的喻象，均圍繞卦辭大義申發其旨，展示事物變革從初期到末期的發展過程，體現了作者對變革規律的一定認識。其中初爻始於固守舊規，與上爻終於保守新制的義理，又表露出事物全面、徹底變革的「質變」情狀。南朝梁・劉勰《文心雕龍》所立「通變」之說，以及唐・韓愈、柳宗元倡揚「惟陳言之務去」、「變浮靡為雅正」的主張，則可視之為本卦「變革」哲理在文學理論上的旁通交合之例。

ᔐ 鼎卦第五十 ᔐ

【題解】

此卦下巽（☴）上離（☲），象徵「鼎器」。全卦借「鼎」烹物，化生為熟的功用，譬喻事物調劑成新之理，其中側重體現行使權力、「經濟天下」、「自新新人」的意義。

【原文】

☰ 鼎，元吉，亨。

彖曰：鼎，象也。以木巽火，亨飪也①。聖人亨以享上帝，而大亨以養聖賢。巽而耳目聰明，柔進而上行，得中而應乎剛，是以元亨。

象曰：木上有火，鼎；君子以正位凝命②。

初六，鼎顛趾，利出否③。得妾以其子，无咎。象曰：鼎顛趾，未悖也。利出否，以從貴也。

九二，鼎有實。我仇有疾，不我能即，吉。象曰：鼎有實，慎所之也。我仇有疾，終无尤也。

九三，鼎耳革，其行塞，雉膏不食。方雨虧悔，終吉。象曰：鼎耳革，失其義也。

九四，鼎折足，覆公餗④，其形渥⑤，凶。象曰：覆公餗，信如何也！

六五，鼎黃耳金鉉，利貞。象曰：鼎黃耳，中以為實也。

上九，鼎玉鉉，大吉，无不利。象曰：玉鉉在上，剛柔節也。

【注釋】

①亨：通「烹」。下兩句同。
②凝：此處為「嚴守」之義。
③否：不善之物，謂廢物。
④餗（ㄙㄨˋ）：指鼎中所盛之食物，《說文》謂「鼎實，惟葦及蒲」。
⑤渥（ㄨㄛˋ）：沾濡之狀。

【譯文】

☰ 《鼎》卦象徵鼎器：至為吉祥，亨通。

《彖傳》說：鼎器，是烹飪養人的物象。用木柴順從火的燃燒，即為烹飪情狀。聖人烹煮食物來祭享天帝，又大規模地烹物來奉養聖

賢。烹物養賢可以使賢人遜順尊者而尊者就能耳聰目明，此時尊者憑著謙柔美德前進並向上直行，高居中位又能下應陽剛賢者，所以至為亨通。

《象傳》說：木上燒著火焰，象徵鼎器在烹煮；君子因此效法鼎象端正居位而嚴守使命。

初六，鼎器傾倒，三足向上，利於傾倒廢物。宛如娶妾生子而妾被扶作正室，必無咎害。《象傳》說：鼎器顛轉腳跟，說明初六的行為未曾悖理。利於傾倒廢物，說明應當上從尊貴者以期棄舊納新。

九二，鼎中裝滿物品。我的配偶身有疾患，暫不前來加重我的負擔，吉祥。《象傳》說：鼎中裝滿物品，說明九二要謹慎前行。我的配偶身有疾患，說明九二暫時未獲應於六五終將無所過尤。

九三，鼎器耳部變異，插杠舉移的途徑被堵塞，精美的雉膏不得獲食。待到出現陰陽調和的霖雨必能消除悔恨，終獲吉祥。《象傳》說：鼎器耳部變異，說明九三有失虛中的意義。

九四，鼎器難承重荷折斷足，王公的美食全被傾覆，鼎身沾濡一派齷齪，有凶險。《象傳》說：王公的美食全被傾覆，可見九四怎麼值得信任呢？

六五，鼎器配著黃色的鼎耳與金屬的鼎杠，利於守持正固。《象傳》說：鼎器配著黃色的鼎耳，說明六五居中而獲剛實之益。

上九，鼎器配著玉製的鼎杠，至為吉祥，無所不利。《象傳》說：玉製的鼎杠高居在鼎器上端，說明上九陽剛能用陰柔來相互調節。

【綜論】

《鼎》卦緊承《革》卦之後，兩者之義，頗相關聯。《雜卦傳》所謂「《革》去故也，《鼎》取新也」，即明《鼎》卦有烹物成新之義。鼎器既有「養人」之功用，又是「權力」的象徵，故此卦的基點實是建立在「自新其德」、「行使權力」的意義上。卦辭稱「君子」掌持鼎器至為吉祥，前景亨通，正是強調去故取新、法權昌明的宗

旨。卦中六爻，各取鼎器的某一部位或配件為喻，無非說明在一定的環境條件下，任事執權的不同情狀。諸爻吉美之占居多，唯九四一爻不稱職權，寓誡最為深刻。六爻的正反面喻象，集中揭示了本卦的核心義理：鼎器功用之所能成，事物新制之所能立，必須依賴純正、堅實力量的協心撐持，《大象傳》極稱「君子」應當端正居位、嚴守使命，是對這一義理的絕好闡述。

∽ 震卦第五十一 ∾

【題解】

此卦下上皆震（☳），象徵「雷動」。全卦取象於雷震威盛，揭明事物因震懼可以導致亨通的道理。

【原文】

☳　震，亨。震來虩虩①，笑言啞啞。震驚百里，不喪匕鬯②。

象曰：震，亨。震來虩虩，恐致福也。笑言啞啞，後有則也。震驚百里，驚遠而懼邇也。〔不喪匕鬯，〕③出，可以守宗廟社稷，以為祭主也。

象曰：洊雷④，震；君子以恐懼修省。

初九，震來虩虩，後笑言啞啞，吉。象曰：震來虩虩，恐致福也。笑言啞啞，後有則也。

六二，震來，厲。億喪貝⑤，躋於九陵，勿逐，七日得。象曰：震來厲，乘剛也。

六三，震蘇蘇，震行无眚⑥。象曰：震蘇蘇，位不當也。

九四，震遂泥⑦。象曰：震遂泥，未光也。

六五，震往來，厲。億无喪，有事。象曰：震往來厲，危行也。其事在中，大无喪也。

上六，震索索，視矍矍⑧，征凶。震不於其躬，於其鄰，无咎。婚媾有言。象曰：震索索，中未得也。雖凶无咎，畏鄰戒也。

【注釋】

①虩虩（ㄒ一ˋ　ㄒ一ˋ）：恐懼貌。

②匕：古代祭祀時用來盛鼎實的器具。鬯（ㄔㄤˋ）：祭禮所用酒名。此處「匕鬯」借代「祭祀」。

③〔不喪匕鬯〕：原本無此四字，據郭京《周易舉正》、程頤《周易程氏傳》、朱熹《周易本義》之說補。

④洊（ㄐㄧㄢˋ）：迭連。

⑤億：大也。下文六五「億無喪」同。

⑥眚（ㄕㄥˇ）：災禍。眚沴（ㄕㄥˇ　ㄌㄧˋ）：災禍之意。

⑦遂：通「隊」，即「墜」。

⑧矍矍（ㄐㄩㄝˊ　ㄐㄩㄝˊ）：雙目旁顧不安之狀。

【譯文】

≡≡　《震》卦象徵雷動：亨通。雷動驟來萬物惶恐畏懼，於是慎行保福遂有聲聲笑語。君主的教令像雷動驚聞百里，這樣宗廟祭祀就能長延不絕。

《彖傳》說：雷動，可以帶來亨通。雷動驟來萬物惶恐畏懼，表明恐懼謹慎必能導致福澤。於是慎行保福遂有聲聲笑語，表明警懼之際行為就能遵循法則。君主的教令像雷動驚聞百里，表明不論遠近都震驚恐懼。〔這樣宗廟祭祀就能長延不絕，〕說明此時即使君主外出，長子也能夠留守宗廟社稷，成為祭祀典禮的主持人。

《象傳》說：疊連轟響著巨雷，象徵雷動；君子因此惶恐警懼而自我修身省過。

初九，雷動驟來而能惶恐畏懼，然後慎行保福遂有聲聲笑語，吉祥。《象傳》說：雷動驟來而能惶恐畏懼，說明初九恐懼謹慎必能導致福澤。慎行保福遂有聲聲笑語，說明初九警懼之際行為就能遵循法

則。

六二，雷動驟來，有危險。大失貨貝，應當躋登遠避於高峻的九陵之上，不用追尋，過不了七日必將失而復得。《象傳》說：雷動驟來而有危險，說明六二乘凌陽剛之上。

六三，雷動之時惶惶不安，由於雷動而謹慎前行將不遭禍害。《象傳》說：雷動之時惶惶不安，說明六三居位不妥當。

九四，雷動之時驚惶失措墜陷於泥濘中。《象傳》說：雷動之時驚惶失措墜陷於泥濘中，可見九四的陽剛之德未能光大。

六五，雷動之時不論上下往來，都有危險。但慎守中道就萬無一失，可以長保祭祀盛事。《象傳》說：雷動之時不論上下往來都有危險，表明六五應當心有危懼而謹慎前行。處事能夠守持中道，就可以萬無一失。

上六，雷動之時恐慌得雙足畏縮難行，兩目惶顧不安，貿然進取必遭凶險。若能在雷動尚未震及自身，才及於近鄰之時就預先戒備，則無咎害。若謀求陰陽婚配將導致言語爭端。《象傳》說：雷動之時恐慌得雙足畏縮難行，說明上六未能居處適中的位置。儘管有凶險卻不致咎害，是由於畏懼近鄰（所受的震驚）而預先戒備。

【 綜論 】

《震》卦以「雷動」之象，揭示凡事要警惕戒懼，然後可以順利發展以至獲益的道理。卦辭設擬兩層相互見旨的譬喻：先言雷動奮起，萬物畏懼，於是慎行獲福；再言君主教令如雷，震驚諸方，遂致社稷長保。《大象傳》對全卦大義作了精要概括，揭出「惶恐驚懼」與「修身省過」之間的內在聯繫。卦中六爻，則分別喻示處「震」的不同情狀，凡能「惕懼修德」者必多吉無害，反之則有凶。顯然，本卦的象徵主旨是建立在「震懼」的基點上，因之謹慎前行，開拓「亨通」境界：此中寓涵著處「危」而後「安」的辯證哲理。

❦ 艮卦第五十二 ❦

【題解】

　　此卦上下皆艮（☶），象徵「抑止」。全卦取象於山之靜止，闡發抑止邪惡妄欲的道理。

【原文】

　　☶ 〔艮〕①：艮其背，不獲其身。行其庭，不見其人。无咎。

　　彖曰：艮，止也。時止則止，時行則行。動靜不失其時，其道光明。艮其止，止其所也。上下敵應，不相與也，是以不獲其身，行其庭，不見其人，无咎也。

　　象曰：兼山，艮；君子以思不出其位。

　　初六，艮其趾，无咎，利永貞。象曰：艮其趾，未失正也。

　　六二，艮其腓②，不拯其隨③，其心不快。象曰：不拯其隨，未退聽也。

　　九三，艮其限④，列其夤⑤，厲熏心。象曰：艮其限，危熏心也。

　　六四，艮其身，无咎。象曰：艮其身，止諸躬也。

　　六五，艮其輔⑥，言有序，悔亡。象曰：艮其輔，以中正也。

　　上九，敦艮，吉。象曰：敦艮之吉，以厚終也。

【注釋】

　　①〔艮〕：原本無此字，據馮椅《厚齋易學》所說之例補足卦名。艮（ㄍㄣˋ），意為抑止、制止。

　　②腓（ㄈㄟˊ）：小腿肚。

　　③拯：通「承」。舉也。

　　④限：界也。此處指腰部。

　　⑤列：通「裂」。夤（一ㄣˊ）：背脊肉。

　　⑥輔：本指上牙床，此處指「口」。

【譯文】

☰☰　〔《艮》卦象徵抑止：〕抑止於背後以避免覺察，不讓身體朝向當止的邪惡。猶如行走在庭院裡也兩兩相背，互不見對方所應抑止的內容。這樣施行抑止必無咎害。

《彖傳》說：艮，意思是抑止。時勢要求抑止就抑止，可以前行就前行。或動或靜不違背適當的時機，抑止的道理就能光輝明燦。抑止於所當止的背後，這是說明抑止適得其所。卦中六爻上下相互敵對，不相交往親與，所以說不讓身體朝向當止的邪惡，猶如行走在庭院裡也兩兩相背，互不見對方所應抑止的內容，這樣施行抑止必無咎害。

《象傳》說：兩座高山重疊靜止不動，象徵抑止；君子因此自我抑止內心邪欲而所思所慮不超越本位。

初六，抑止在足趾上，必無咎害，利於永久守持正固。《象傳》說：抑止在足趾上，表明初六的行動不致違失正道。

六二，抑止在小腿肚上，未能舉步上承本應隨從的人，心中不得暢快。《象傳》說：未能舉步上承本應隨從的人，表明六二無法退而聽從抑止之命（因此心中不得暢快）。

九三，抑止在腰部，背脊肉斷裂，危險像烈火一樣熏灼其心。《象傳》說：抑止在腰部，可見九三的危險將像烈火一樣熏灼其心。

六四，抑止上身不使妄動，必無咎害。《象傳》說：抑止上身不使妄動，說明六四能自我抑止而安守本位。

六五，抑止其口不使妄語，發言必有條理，悔恨盡消。《象傳》說：抑止其口不使妄語，足見六五能夠居中守正。

上九，以敦厚的品德抑止邪欲，吉祥。《象傳》說：以敦厚的品德抑止邪欲而獲吉祥，說明上九能將厚重的素質保持至終。

【綜論】

《艮》卦取義於「止」，喻示抑止邪辟惡欲之道。卦辭強調「止

邪」的最佳方式是使人「隔絕邪欲」，極言「心不亂」而邪已止的功效。卦中六爻分別取象於人體各部位，從不同角度揭明「抑止」或得或失的情狀：其中六二、九三並屬施止不當之象，餘四爻均為施止妥善之象。若深究卦理，還可以發現，「抑止」絕非純粹的「停止不前」，六五指出「抑止其口」可以導致「發言有序」，正是以「止」求「行」的明顯象例。因此，本卦儘管主於「止」義，「止」的目的卻在「行」，含有「行正」必先「止邪」的微旨。《大象傳》稱「思慮不超越本位」，無疑是把「抑止」作為「進取」的前提。

❧ 漸卦第五十三 ❧

【題解】

　　此卦下艮（☶）上巽（☴），象徵「漸進」。全卦闡明事物發展過程中「循序漸進」的道理。

【原文】

　　☴ 漸，女歸吉，利貞。

　　彖曰：漸之進也，女歸吉也。進得位，往有功也。進以正，可以正邦也。其位，剛得中也。止而巽，動不窮也。

　　象曰：山上有木，漸；君子以居賢德善俗。

　　初六，鴻漸于幹。小子厲，有言，无咎。象曰：小子之厲，義无咎也。

　　六二，鴻漸于磐，飲食衎衎①，吉。象曰：飲食衎衎，不素飽也。

　　九三，鴻漸于陸，夫征不復，婦孕不育，凶。利禦寇。象曰：夫征不復，離群醜也。婦孕不育，失其道也。利用禦寇，順相保也。

　　六四，鴻漸于木，或得其桷②，无咎。象曰：或得其桷，順以巽

也。

九五，鴻漸于陵，婦三歲不孕。終莫之勝，吉。象曰：終莫之勝吉，得所願也。

上九，鴻漸于陸，其羽可用為儀，吉。象曰：其羽可用為儀吉，不可亂也。

【注釋】

①衎衎（ㄎㄢˋ、ㄎㄢˋ）：和樂貌。

②桷（ㄐㄩㄝˊ）：樹木枝間的平柯。

【譯文】

☰ 《漸》卦象徵漸進：猶如女子出嫁循禮漸行可獲吉祥，利於守持正固。

《彖傳》說：漸漸向前進，猶如女子出嫁循禮漸行可獲吉祥。漸進而獲得正位，表明前往必能建樹功勳。漸進而遵循正道，表明可以端正邦國民心。漸進之時所獲之位，體現於陽剛居中。立身靜止不躁而謙遜和順，因此逐漸行動不致困窮。

《象傳》說：山上有樹木逐漸高大，象徵漸進；君子因此逐漸積累賢德而改善風俗。

初六，大雁飛行漸進於水涯邊。猶如童稚小子遭逢危險，蒙受言語中傷，但能漸進不躁故不致咎害。《象傳》說：童稚小子遭逢的危險，從初六漸進不躁的意義看是不致咎害的。

六二，大雁飛行漸進於磐石上，安享飲食和樂歡暢，吉祥。《象傳》說：安享飲食和樂歡暢，說明六二盡心臣道而不是白白吃飯飽腹。

九三，大雁飛行漸進於小山，宛如夫君遠征一去不返，妻子失貞得孕生育無顏，有凶險。若能稟正用剛則利於抵禦強寇。《象傳》說：宛如夫君遠征一去不返，說明九三遠離其所匹配的群類。妻子失貞得孕生育無顏，說明違失夫婦相親的正道。若能稟正用剛則利於抵

禦強寇，說明九三應當使夫婦和順相保。

六四，大雁飛行漸進於高木上，或能尋得平柯棲止穩當，不致咎害。《象傳》說：或能尋得平柯棲止穩當，說明六四柔順而又馴和。

九五，大雁飛行漸進於丘陵，宛如夫君遠出而妻子三年不懷身孕。但夫婦必將會合而外物終究不能侵阻取勝，吉祥。《象傳》說：夫婦必將會合而外物終究不能侵阻取勝且獲吉祥，說明九五得遂應合六二的願望。

上九，大雁飛行漸進於高山，其羽毛可作為高潔的儀飾，吉祥。《象傳》說：其羽毛可作為高潔的儀飾而獲吉祥，說明上九的志向不可淆亂。

【綜論】

《漸》卦闡發「漸進」之義。卦辭擬取「女子出嫁」為象，意在「禮備」而後漸行，「持正」方能獲吉，已見全卦大旨。六爻以大雁飛行設喻，形象頗為生動：沿初爻至上爻，雁飛所歷，為水涯、磐石、小山陸、山木、山陵、大山陸，由低漸高，由近漸遠，秩然有序。各爻立義，主於守正漸行，因此多吉、無咎之占。其中九三雖過剛有凶，但也勉其慎行「漸」道，化害為利。可見，本卦自始至終讚美「循序漸進」的道理，是作者對事物發展過程某方面規律的一種認識。

❦ 歸妹卦第五十四 ❧

【題解】

此卦下兌（☱）上震（☳），象徵「嫁出少女」。全卦以「嫁女」為喻，揭明「陰」以「陽」為歸宿，則天地和合、萬物繁殖的道理。

【原文】

䷵　歸妹①，征凶，无攸利。

彖曰：歸妹，天地之大義也。天地不交，而萬物不興。歸妹，人之終始也。說以動，所歸妹也。征凶，位不當也。无攸利，柔乘剛也。

象曰：澤上有雷，歸妹；君子以永終知敝。

初九，歸妹以娣②，跛能履，征吉。象曰：歸妹以娣，以恆也。跛能履，吉相承也。

九二，眇能視，利幽人之貞。象曰：利幽人之貞，未變常也。

六三，歸妹以須③，反歸以娣。象曰：歸妹以須，未當也。

九四，歸妹愆期，遲歸有時。象曰：愆期之志，有待而行也。

六五，帝乙歸妹④，其君之袂，不如其娣之袂良。月幾望，吉。象曰：帝乙歸妹，不如其娣之袂良也。其位在中，以貴行也。

上六，女承筐，无實。士刲羊⑤，无血。无攸利。象曰：上六无實，承虛筐也。

【注釋】

①歸妹：猶言「嫁出少女」（參閱《泰》卦六五注）。

②娣（ㄉㄧˋ）：古代以妹陪姊同嫁一夫，稱妹曰「娣」。猶「側室」。

③須：等待。

④帝乙：商代帝王之名（參閱《泰》卦六五注）。

⑤刲（ㄎㄨㄟ）：割殺。

【譯文】

䷵　《歸妹》卦象徵嫁出少女：若是行為不當往前進發必有凶險，無所利益。

《彖傳》說：嫁出少女，這是天地陰陽的宏大意義。天地陰陽不

相交，萬物就不能繁殖興旺。嫁出少女，人類就能終而復始地生息不止。其情欣悅而動，表明可以嫁出少女。往前進必有凶險，足見置身處位不妥當。無所利益，說明陰柔乘凌陽剛之上。

《象傳》說：大澤上響著震雷（欣悅而動），象徵嫁出少女；君子因此自始至終地保持夫婦之道並悟知不可淫佚而敝壞此道。

初九，嫁出少女充當側室，宛如足跛而努力行走，往前進發可獲吉祥。《象傳》說：嫁出少女充當側室，這是婚嫁的恆常之道。宛如足跛而努力行走，其吉祥在於以偏室協助正室相與承事夫君。

九二，（嫁夫不良而難為內助）宛如目眇而勉強瞻視，利於幽靜安恬的人守持正固。《象傳》說：利於幽靜安恬的人守持正固，說明九二未曾改移為婦的經常之道。

六三，嫁出少女在引頸等待成正室，應當反過來嫁作側室。《象傳》說：嫁出少女在引頸等待成正室，說明六三的行為不妥當。

九四，嫁出少女超延佳期，遲遲未嫁靜待時機。《象傳》說：九四超延佳期的心志，在於靜待時機而後行。

六五，帝乙嫁出少女，作為正室的衣飾，卻不如側室的衣飾美好。恰如月亮接近滿圓而不過盈，必有吉祥。《象傳》說：帝乙嫁出少女，其時作為正室所著衣飾卻不如側室的衣飾美好。六五居位守中不偏，說明能以尊貴之身施行其謙儉之道。

上六，女子手奉竹筐，無物可盛。男子刀屠其羊，不見血腥。夫婦祭祀之禮難成而無所利益。《象傳》說：上六陰爻中虛無實，正如手奉空虛的竹筐。

【綜論】

《歸妹》以「嫁出少女」主一卦之義。但卦辭卻謂「有凶」、「無利」，其理何在？原來，作者是為所「歸」之「妹」設置誡辭，即強調女子出嫁必須嚴守「正」道，以「柔順」為本，成「內助」之功。反此而行，必為凶兆。可見，本卦一開始便體現著古代禮教「男尊女卑」的微旨。六爻的吉凶，均視是否遵循「謙柔」、「守貞」的

「婦德」而定，與卦辭之誠正相切合。但本卦大旨又非拘限於「嫁女」，其本質還是闡發「天地陰陽」之道：申明「陰」以「陽」為歸宿，於是天地得以和合，萬物得以繁殖。因此，《彖傳》極稱「歸妹，天地之大義也；天地不交，而萬物不興」，正是本卦義理的核心所在。

∽ 豐卦第五十五 ∽

【題解】

此卦下離（☲）上震（☳），象徵「豐大」。全卦揭示事物豐盛碩大的道理，以及求豐、處豐、保豐的某些規律。

【原文】

☳ 豐，亨，王假之。勿憂，宜日中。

彖曰：豐，大也。明以動，故豐。王假之，尚大也。勿憂，宜日中，宜照天下也。日中則昃，月盈則食。天地盈虛，與時消息。而況於人乎？況於鬼神乎？

象曰：雷電皆至，豐；君子以折獄致刑。

初九，遇其配主，雖旬无咎①，往有尚。象曰：雖旬无咎，過旬災也。

六二，豐其蔀②，日中見斗，往得疑疾。有孚發若，吉。象曰：有孚發若，信以發志也。

九三，豐其沛③，日中見沬④。折其右肱，无咎。象曰：豐其沛，不可大事也。折其右肱，終不可用也。

九四，豐其蔀，日中見斗。遇其夷主⑤，吉。象曰：豐其蔀，位不當也。日中見斗，幽不明也。遇其夷主，吉行也。

六五，來章，有慶譽，吉。象曰：六五之吉，有慶也。

上六，豐其屋，蔀其家，窺其戶，闃其无人⑥，三歲不覿⑦，凶。
象曰：豐其屋，天際翔也。窺其戶闃其无人，自藏也。

【注釋】

①旬：均也。猶言均等。

②蔀（ㄅㄨˋ）：通「蔽」。

③沛：通「旆」。謂幡幔。

④沫（ㄇㄟˋ）：通「昧」。指小星。

⑤夷：平也。與「均」義近。

⑥闃（ㄑㄩˋ）：寂靜無聲。

⑦覿（ㄉㄧˊ）：見也。

【譯文】

☳ 《豐》卦象徵豐大：亨通，恰如有德君王可以達到豐大的境界。不必憂慮，宜於像太陽正居中天一樣保持豐盛的光輝。

《彖傳》說：豐，意思是豐大。道德光明而後施於行動，所以能獲豐大成果。恰如有德君王可以達到豐大的境界，這是崇尚豐大的道理。不必憂慮，宜於像太陽正居中天一樣保持豐盛的光輝，表明應當讓盛德之光遍照天下。太陽高居中天必將西斜，月亮圓滿盈盛必將虧蝕。天地有盈滿和虧虛，無不伴隨時運更替著消亡與生息，又何況人呢？何況鬼神呢？

《象傳》說：雷震和電光一起到來，象徵威明之德豐大；君子因此效法雷的威動和電的光明審理訟獄而施用刑罰。

初九，遇合相匹配之主，儘管兩者陽德均等也不致咎害，前往必受尊尚。《象傳》說：儘管二者陽德均等也不致咎害，說明初九和九四要是陽德不均等必將導致競爭而有災患。

六二，豐大障蔽以掩光明，宛如太陽正當中天卻出現星斗，前往將有被猜疑的疾患。若能自我發揮誠信，必獲吉祥。《象傳》說：自我發揮誠信，說明六二應當透過誠信之心來開拓豐大的志向。

　　九三，豐大幡幔以遮光明，宛如太陽正當中天卻出現小星。若能像折斷右臂一樣屈己慎守，將不致咎害。《象傳》說：豐大幡幔以遮光明，說明九三不可置身於大事。像折斷右臂一樣屈己慎守，說明九三終究不宜施展才能。

　　九四，豐大障蔽以掩光明，宛如太陽正當中天卻出現星斗。但能遇合陽德相平衡之主，吉祥。《象傳》說：豐大障蔽以掩光明，說明九四居位不妥當。宛如太陽正當中天卻出現星斗，說明此時一片幽暗而不見光明。遇合陽德相平衡之主，說明九四可獲吉祥而且宜於前行。

　　六五，招致天下章美之才以豐大光明，必有福慶和佳譽，吉祥。《象傳》說：六五的吉祥，表明必有福慶。

　　上六，豐大房屋，障蔽居室，對著窗戶窺視，寂靜毫無人蹤，時過三年仍不見露面，如此深藏自蔽必有凶險。《象傳》說：豐大房屋，說明上六居位窮高猶如在天際飛翔。對著窗戶窺視而寂靜毫無人蹤，說明上六自蔽深藏。

【綜論】

　　《豐》卦揭示事物「豐大」之理。卦辭強調善處「豐」時的兩項準則：一、必須道德盛美，故稱有德「君王」可以致豐；二、必須光明常照，故云太陽正中可以無憂。顯然，本卦雖取名於「豐美碩大」，卻深誡求豐不易、保豐更難。卦中六爻，分別表明處豐得失善否的情狀。綜其大旨，凡處上下卦之極者，並為過豐損德之象，故多凶危；凡在下守中者，均為謹慎修己以求豐保豐之象，故多吉祥。然而，事物的發展規律，決定了任一「豐大」情態總是暫時、相對的，終究要趨向虧損。《彖傳》闡發本卦的象外之旨說：「日中則昃，月盈則食。天地盈虛，與時消息。」可見，作《易》者撰立此卦，又在於警醒人們「豐」不忘喪，盈不忘虧，寓意頗為深切。

❧ 旅卦第五十六 ❧

【題解】

此卦下艮（☶）上離（☲），象徵「行旅」。全卦展示羈旅居外的不同情狀，揭明正確的處旅之道。

【原文】

䷷ 旅，小亨，旅貞吉。

彖曰：旅，小亨，柔得中乎外而順乎剛，止而麗乎明，是以小亨，旅貞吉也。旅之時義大矣哉！

象曰：山上有火，旅；君子以明慎用刑而不留獄。

初六，旅瑣瑣①，斯其所取災。象曰：旅瑣瑣，志窮災也。

六二，旅即次②，懷其資，得童僕，貞。象曰：得童僕貞，終无尤也。

九三，旅焚其次，喪其童僕，貞厲。象曰：旅焚其次，亦以傷矣。以旅與下，其義喪也。

九四，旅於處，得其資斧③，我心不快。象曰：旅於處，未得位也。得其資斧，心未快也。

六五，射雉，一矢亡。終以譽命。象曰：終以譽命，上逮也。

上九，鳥焚其巢，旅人先笑，後號咷。喪牛于易④，凶。象曰：以旅在上，其義焚也。喪牛于易，終莫之聞也。

【注釋】

①瑣瑣：猥瑣卑賤之貌。

②次：指客舍。

③資斧：陸德明《經典釋文》云：「《子夏傳》及眾家並作『齊斧』……應劭云：『齊，利也。』」資、齊音同通用，則「資斧」當作「齊斧」，意為利斧。

④易：通「場」，田畔。

【譯文】

　　▤　《旅》卦象徵行旅：謙柔小心可致亨通，行旅能守持正固必獲吉祥。

　　《彖傳》說：行旅，謙柔小心可致亨通，恰如陰柔者居得適中之位而順從剛強者，安恬靜止而附麗於光明，所以謙柔小心可致亨通，行旅能守持正固必獲吉祥。行旅之時的意義是多麼的宏大啊！

　　《象傳》說：山上燃燒著火（火勢流行不止），象徵行旅；君子因此效法山的靜止穩重和火的光明速行，遂能明察並審慎地動用刑罰而不稽留訟獄。

　　初六，行旅之初舉動猥瑣卑賤，這是自我招取災患。《象傳》說：行旅之初舉動猥瑣卑賤，說明初六心志窮迫將自取災患。

　　六二，行旅就居在客舍，懷藏資財，擁有童僕，應當守持正固。《象傳》說：擁有童僕而應當守持正固，說明六二能這樣則終將無所過尤。

　　九三，行旅之時被火燒毀客舍，喪失童僕，要守持正固謹防危險。《象傳》說：行旅之時被火燒毀客舍，說明九三也因此遭受損傷。置身行旅而擅自施惠於下，其理必致喪亡。

　　九四，行旅之時暫作棲處，儘管獲得利斧砍除荊棘，但我心中不甚暢快。《象傳》說：行旅之時暫作棲處，說明九四未能居得適當之位。儘管獲得利斧砍除荊棘，但九四心中仍不得暢快。

　　六五，射取雉雞，一枝箭矢亡失。雖有所損但終將獲得美譽而被賜爵命。《象傳》說：雖有所損但終將獲得美譽而被賜爵命，說明六五能向上承及尊者。

　　上九，棲鳥窩巢被焚燒，行旅者先是欣喜歡笑，後來痛哭號咷。宛如在野外田畔喪失了牛，有凶險。《象傳》說：作為行旅者而高居上位，其理必致焚巢的災患。宛如在野外田畔喪失了牛，說明上九遭禍在外終將無人聞知。

【綜論】

《旅》卦專明「行旅」之理。卦辭所示，在於喻人「行旅」應當守正，惟小心可致亨通。六爻喻意，凡陰柔中順皆吉，但以卑屈低賤者設反面之戒；凡陽剛高亢皆危，而以窮驕極上者最呈凶象。當然，本卦大旨並非拘於狹義的「行旅」。略推之，所謂「諸侯之寄寓，大夫之去亂，聖賢之周遊皆是」（梁寅《周易參義》）。廣言之，一如李白所稱「天地者，萬物之逆旅」（《春夜宴桃李園序》）一樣，人生、萬物均可視為「行旅」之事。此中雖含有消極思想，但與《旅》卦的「象外之旨」亦有可通之處。因此，《彖傳》極言：「旅之時義大矣哉！」

⑨ 巽卦第五十七 ⑨

【題解】

此卦上下皆巽（☴），象徵「順從」。全卦揭示事物發展過程中相為順從的規律，強調陰順陽、卑順尊等方面的義理。

【原文】

☴ 巽，小亨，利有攸往，利見大人。

彖曰：重巽以申命。剛巽乎中正而志行，柔皆順乎剛，是以小亨，利有攸往，利見大人。

象曰：隨風，巽；君子以申命行事。

初六，進退，利武人之貞。象曰：進退，志疑也。利武人之貞，志治也。

九二，巽在床下，用史巫紛若吉[①]，无咎。象曰：紛若之吉，得中也。

九三，頻巽②，吝。象曰：頻巽之吝，志窮也。

六四，悔亡，田獲三品③。象曰：田獲三品，有功也。

九五，貞吉，悔亡，无不利。无初有終。先庚三日④，後庚三日，吉。象曰：九五之吉，位正中也。

上九，巽在床下，喪其資斧，貞凶。象曰：巽在床下，上窮也。喪其資斧，正乎凶也。

【注釋】

①紛若：盛多之狀。「若」為助詞。

②頻：即「顰」，皺眉憂鬱之意。

③三品：猶言「三類」，此處指古代貴族田獵所獲之物的三種效用，即供「祭祀」、「宴客」、「充庖」三用。

④庚：「天干」數中居第七位，在「己」之後，為「過中」之數，故古人取以象徵「變更」（可參閱《革》卦辭「己日」注）。

【譯文】

▤　《巽》卦象徵順從：謙柔小心可致亨通，利於有所前往，利於出現大人。

《彖傳》說：上下順從可以申諭命令。恰如陽剛尊者以中正之德被順從而其志得以施行，陰柔都順承陽剛，所以謙柔小心可致亨通，利於有所前往，利於出現大人。

《象傳》說：和風連連相隨，象徵順從；君子因此效法風行天下無所不順之象而申諭命令並施行政事。

初六，卑順過甚而進退猶豫，利於勇武的人守持正固。《象傳》說：卑順過甚而進退猶豫，表明初六的心志懦弱疑懼。利於勇武的人守持正固，是勉勵初六要修立健強的意志。

九二，順從屈居在床下，要是能效法祝史和巫覡以謙卑奉事神祇則可獲盛多的吉祥，必無咎害。《象傳》說：可獲盛多的吉祥，說明九二能夠守中不偏。

九三，皺著眉頭順從，將有憾惜。《象傳》說：皺著眉頭順從而將有憾惜，表明九三的心志困窮不振。

　　六四，悔恨消亡，田獵獲取可供祭祀、宴客、充君庖的三類物品。《象傳》說：田獵獲取可供祭祀、宴客、充君庖的三類物品，說明六四奉行君命而建樹功勳。

　　九五，守持正固可獲吉祥，悔恨消亡，無所不利。申論命令起初不甚順利而最終必能暢行。預先在喻示變更的「庚」日前三天發佈新令，而在「庚」日後三天實行新制，必獲吉祥。《象傳》說：九五的吉祥，是由於居位端正又能守持中道。

　　上九，順從至極而屈居在床下，猶如喪失了陽剛的利斧，守持正固謹防凶險。《象傳》說：順從至極而屈居在床下，說明上九處於卦上窮困之位。猶如喪失了陽剛的利斧，說明上九應當守持陽剛正道以防凶險。

【 綜論 】

　　《巽》卦之義，主於「順從」。就陰陽之理而言，為陰順陽；取君臣之道為喻，則臣順君。卦辭表明以「謙柔小心」處「順從」可致亨通。但六爻之義卻並非一味強調「柔順」的義理，無論是下順乎上，還是上被下順，均不離兩項原則：一、「巽」之道在持正不阿，二、「巽」之時在有所作為。因此，所謂「順從」，當本於陽剛氣質，與「屈從」之義格格不入。然而，若就此卦所含的政治思想而言，陰順陽、臣順君，又是直接為「君子」、「大人」申論政令、行使權力服務。卦辭稱「利見大人」，正表明這一重要宗旨。

☱ 兌卦第五十八 ☱

【題解】

此卦上下皆兌（☱），象徵「欣悅」。全卦揭明事物在一定環境、條件下出現的欣悅情狀，以及正確的處「悅」之道。

【原文】

☱ 兌①，亨，利貞。

彖曰：兌，說也。剛中而柔外，說以利貞，是以順乎天而應乎人。說以先民，民忘其勞；說以犯難，民忘其死。說之大，民勸矣哉！

象曰：麗澤，兌；君子以朋友講習。

初九，和兌，吉。象曰：和兌之吉，行未疑也。

九二，孚兌，吉，悔亡。象曰：孚兌之吉，信志也。

六三，來兌，凶。象曰：來兌之凶，位不當也。

九四，商兌未寧②，介疾有喜③。象曰：九四之喜，有慶也。

九五，孚於剝，有厲。象曰：孚於剝，位正當也！

上六，引兌。象曰：上六引兌，未光也。

【注釋】

①兌（ㄅㄨㄟˋ）：通「說」，即「悅」。

②商：商度思量。

③介：隔絕。

【譯文】

☱ 《兌》卦象徵欣悅：亨通，利於守持正固。

《彖傳》說：兌，意思是欣悅。恰似寓陽剛於中而呈柔和於外，物情欣悅而利於守持正固，這樣就能順符天理而應合人情。君子大人悅於身先百姓，百姓必能任勞忘苦；悅於趨赴危難，百姓必能捨生忘

死。欣悅的功效是那樣宏大，可以使百姓勉力奮發啊！

《象傳》說：兩澤並連交相浸潤，象徵欣悅；君子因此樂於結交良朋益友而相互講解道理及研習學業。

初九，平和欣悅以待人，吉祥。《象傳》說：平和欣悅以待人而獲吉祥，說明初九行為端正不為人所懷疑。

九二，誠信欣悅以待人，吉祥，悔恨必消。《象傳》說：誠信欣悅以待人而獲吉祥，說明九二志存信實。

六三，前來謀求欣悅，有凶險。《象傳》說：前來謀求欣悅而遭凶險，是由於六三居位不正當。

九四，商度思量如何欣悅而心中未曾寧靜，能隔絕諂邪者的疾患則頗為可喜。《象傳》說：九四頗為可喜，這是值得慶賀的。

九五，施誠信予消剝陽剛的小人，有危險。《象傳》說：施誠信予消剝陽剛的小人，只可惜九五居於如此正當之位啊！

上六，引誘他人相與欣悅。《象傳》說：上六引誘他人相與欣悅，足見處悅之道未能光大。

【綜論】

「欣悅」，是人情所常有的事態。輕歌悅耳，美景悅目，無不如是。但《兌》卦所明「欣悅」之道，則強調「寓陽剛於中、呈柔和於外」的處悅準則──即剛為柔之本，悅不失其正。卦中六爻，兩陰爻均以柔媚取悅，為被否定之爻。四陽爻則各具吉祥喜慶之象，雖或有誠意，但多屬被肯定之爻。綜觀全卦大旨，無非說明：陽剛不牽於陰柔，秉持正德，決絕邪諂，才能成「欣悅」之至美；反之，偏離正德，曲為欣悅，則不論是取悅於人，還是因人而悅，均將導致凶咎。可見，《周易》所肯定的「欣悅」，是立足於鮮明的道德準則之上。

ꙮ 渙卦第五十九 ꙮ

【題解】

此卦下坎（☵）上巽（☴），象徵「渙散」。全卦從對立統一的角度，展示事物發展的特定狀態中，「渙散」與「聚合」相互依存的關係。

【原文】

䷺ 渙，亨，王假有廟，利涉大川，利貞。

彖曰：渙，亨，剛來而不窮，柔得位乎外而上同。王假有廟，王乃在中也。利涉大川，乘木有功也。

象曰：風行水上，渙；先王以享于帝立廟。

初六，用拯馬壯，吉。象曰：初六之吉，順也。

九二，渙奔其机①，悔亡。象曰：渙奔其机，得願也。

六三，渙其躬，无悔。象曰：渙其躬，志在外也。

六四，渙其群，元吉。渙有丘，匪夷所思。象曰：渙其群元吉，光大也。

九五，渙汗其大號，渙王居，无咎。象曰：王居无咎，正位也。

上九，渙其血去逖出②，无咎。象曰：渙其血，遠害也。

【注釋】

①机：通「几」，即「几案」。
②血：通「恤」，憂恤。逖：通「惕」，謂「惕懼」。

【譯文】

䷺ 《渙》卦象徵渙散：亨通，君王以美德感悟神靈而保有廟祭，利於涉越大河巨流，利於守持正固。

《彖傳》說：渙散，亨通，猶如陽剛者前來居陰柔之中而不困窮，陰柔者在外獲得正位而上與陽剛之志協同（於是陰陽互散而心神

聚通）。君王以美德感格神靈而保有廟祭，表明君王作為陽剛尊主而居處正中。利於涉越大河巨流，說明乘著木舟涉險必能成功。

《象傳》說：風行水上漣漪泛起，象徵渙散；先代君王因此聚合天下之所散而透過祭享天帝而建立宗廟來歸繫人心。

初六，借助健壯的良馬勉力拯濟可獲吉祥。《象傳》說：初六的吉祥，是由於順承其上九二陽剛。

九二，渙散之時奔就几案似的可供憑依之處，悔恨消亡。《象傳》說：渙散之時奔就几案似的可供憑依之處，表明九二得遂陰陽聚合的心願。

六三，渙散自身以附從陽剛尊者，無所悔恨。《象傳》說：渙散自身以附從陽剛尊者，可見六三的心志在於向外發展。

六四，渙散群黨，至為吉祥。渙散小群而聚成山丘似的大群，這不是平常人的思慮所能達到的。《象傳》說：渙散群黨而至為吉祥，足見六四的品德光明正大。

九五，像散發身上汗水出而不返一樣散佈盛大的號令，又能疏散王者的居積以聚合天下人心，必無咎害。《象傳》說：疏散王者的居積必無咎害，說明九五居於正當的尊高之位。

上九，渙散至極遂使四方聚合，於是拋離憂恤而脫出惕懼，無所咎害。《象傳》說：渙散至極遂使四方聚合，於是拋離憂恤，說明上九已經遠離散亂的禍害。

【綜論】

《渙》卦所謂「渙散」，並非立義於「散亂」，而是揭示「散」與「聚」相依相承的關係。卦辭取「祀神祭廟」、「涉流越險」之象，即明聚合神靈和人力以濟「渙」的意義。卦中六爻雖均處「渙散」之時，但陰陽剛柔相比、相應，正流露出「聚」的氣象。可見，本卦大旨是立足於散而不亂、散而能聚的基點上。從哲學意義看，即是展示事物「散」、「聚」既對立又統一的特定規律。馬振彪《周易學說》所謂「渙者其形跡，不渙者其精神」，實為本卦義理的內蘊所在。

❧ 節卦第六十 ❧

【題解】

此卦下兌（☱）上坎（☵），象徵「節制」。全卦揭明事物在發展過程中，有時必須適當節制的道理。

【原文】

䷻ 節，亨。苦節不可，貞。

彖曰：節，亨，剛柔分而剛得中。苦節不可貞，其道窮也。說以行險，當位以節，中正以通。天地節而四時成。節以制度，不傷財，不害民。

象曰：澤上有水，節；君子以制數度，議德行。

初九，不出戶庭①，无咎。象曰：不出戶庭，知通塞也。

九二，不出門庭②，凶。象曰：不出門庭凶，失時極也③。

六三，不節若，則嗟若，无咎。象曰：不節之嗟，又誰咎也？

六四，安節，亨。象曰：安節之亨，承上道也。

九五，甘節，吉，往有尚。象曰：甘節之吉，居位中也。

上六，苦節，貞凶，悔亡。象曰：苦節貞凶，其道窮也。

【注釋】

①戶庭：戶外庭院。

②門庭：門內庭院。

③極：《說文》謂「棟也」。引申為「中」。

【譯文】

䷻ 《節》卦象徵節制：亨通。節制過苦是不可以的，應當守持正固。

《彖傳》說：節制，亨通，是由於剛柔上下嚴格區分而陽剛者獲得中道以主持節制。節制過苦是不可以的，應當守持正固，否則節制

之道必致困窮。恰如內心欣悅就能超越險難，居位妥當在於有所節制，處中守正必將行事暢通。天地自然正是有所節制而一年四季才能形成。君主以典章制度為節制，就能不浪費資財而不殘害百姓。

《象傳》說：大澤上有水，築堤為防，象徵節制；君子因此制定禮數法度以為準則，評議道德行為任用得宜。

初九，不跨出戶庭，必無咎害。《象傳》說：不跨出戶庭，表明初九深知路通則行而路塞則止的道理。

九二，不跨出門庭，有凶險。《象傳》說：不跨出門庭而有凶險，說明九二喪失了適中的時機。

六三，不能節制，於是嗟歎傷悔，可免咎害。《象傳》說：不能節制而嗟歎傷悔，又有誰會施加咎害呢？

六四，安然奉行節制，亨通。《象傳》說：安然奉行節制而獲亨通，說明六四謹守順承尊上之道。

九五，甘美怡悅地節制，吉祥，往前進發必受尊尚。《象傳》說：甘美怡悅地節制而獲吉祥，表明九五尊居正當適中之位。

上六，節制過苦，應當守持正固謹防凶險，悔恨必可消亡。《象傳》說：節制過苦而應當守持正固謹防凶險，說明上六的節制之道已趨困窮。

【綜論】

《節》卦專明事物的「節制」之道。卦辭既言節制可致亨通，又強調處「節」必須持正、適中。卦中六爻，凡有凶咎者，皆因居位不中不正所致。而最吉之爻，當推九五中正甘甜地節制，可知德譽為「節之盡善盡美」，「立法於今，而可以垂範於後也」（《來瞿唐先生易注》）。可見，《節》卦的基本含義在於：合乎規律的節制，有利於事物的正常發展；反之則致凶危。這一道理廣見於自然界及人類社會的諸多物象，如季節的推移、動植物的繁衍、人類喜怒哀樂的情狀、衣食住行的處置，均與「節制」有關。至於古人「節財愛民」的觀點，也與此卦義理密切關聯。可以說《節》卦在某種程度上反映了

《周易》作者的經濟思想。

❧ 中孚卦第六十一 ❧

【題解】

此卦下兌（☱）上巽（☴），象徵「中心誠信」。全卦展示物情篤誠信實的意義，以及處誠的要領。

【原文】

☲　中孚①，豚魚吉②，利涉大川，利貞。

彖曰：中孚，柔在內而剛得中。說而巽，孚乃化邦也。豚魚吉，信及豚魚也。利涉大川，乘木舟虛也。中孚以利貞，乃應乎天也。

象曰：澤上有風，中孚；君子以議獄緩死。

初九，虞吉③，有它不燕④。象曰：初九虞吉，志未變也。

九二，鳴鶴在陰，其子和之。我有好爵⑤，吾與爾靡之⑥。象曰：其子和之，中心願也。

六三，得敵，或鼓或罷⑦，或泣或歌。象曰：或鼓或罷，位不當也。

六四，月幾望，馬匹亡，无咎。象曰：馬匹亡，絕類上也。

九五，有孚攣如，无咎。象曰：有孚攣如，位正當也。

上九，翰音登于天⑧，貞凶。象曰：翰音登於天，何可長也？

【注釋】

①中孚：猶言「內心誠信」。中，謂心中；孚，信也。

②豚（ㄊㄨㄣˊ）：小豬。

③虞：猶言「安」。

④燕：通「宴」。即「安」之意。

⑤爵：本為飲器，借指為酒。

⑥靡：共。

⑦罷（ㄆㄧˊ）：通「疲」。

⑧翰音：猶言「飛鳥鳴音」。翰，鳥高飛之謂。

【譯文】

　　▤　《中孚》卦象徵中心誠信：能感化小豬小魚必獲吉祥，利於涉越大河巨流，利於守持正固。

　　《彖傳》說：中心誠信，猶如內情柔順謙虛至誠而中涵剛健篤實有信。上下和悅遜順，誠信之德就能被化邦國。能感化小豬小魚必獲吉祥，表明誠信施及豬和魚這類微物。利於涉越大河巨流，正像乘駕木船暢行無阻。中心誠信而利於守持正固，於是應合天的剛正美德。

　　《象傳》說：大澤上吹拂著無微不至的和風，象徵中心誠信；君子因此以誠信之德審議獄事而寬緩死刑。

　　初九，安守誠信必獲吉祥，別有他求將難以安寧。《象傳》說：初九安守誠信必獲吉祥，表明篤實的心志尚未改變。

　　九二，鶴鳥在山陰鳴叫，其同類聲聲應和。我有一壺美酒，願與你共飲同樂。《象傳》說：其同類聲聲應和，這是發自內心的真誠意願。

　　六三，存心不誠而前臨勁敵，或擊鼓進攻、或疲憊退撤，或恐懼悲泣、或無憂歡歌。《象傳》說：或擊鼓進攻、或疲憊退撤，可見六三居位不妥當。

　　六四，宛如月亮接近滿圓，又似良馬亡失匹配，將無咎害。《象傳》說：良馬亡失匹配，說明六四割絕其配偶而上承九五陽剛。

　　九五，精誠至信而廣繫天下之心，無所咎害。《象傳》說：精誠至信而廣繫天下之心，說明九五居位中正適當。

　　上九，飛鳥鳴音虛升於天，守持正固謹防凶險。《象傳》說：飛鳥鳴音虛升於天，這種虛音怎能保持長久呢？

【綜論】

　　《中孚》卦，是揭明「中心誠信」的意義。卦辭強調信德廣被微物則吉，其時守正涉險必利。卦中諸爻從不同角度揭示義理：初、二、四、五爻雖處位有異、陰陽各別，但皆為守「信」的正面形象；三、上兩爻或居心不誠，或信衰詐起，則為無「信」的反面形象。其中九五擬取以誠信廣繫天下之象，更蘊含著「有國者」必須「取信於民」的期望，與卦辭申言信及小豬、小魚、感化萬物的觀點相合。可見，《中孚》卦所發「誠信」之義，既泛及一般的社會道德，又兼及特殊的政治理論。這對於探索我國古代「信」這一道德範疇的歷史淵源，實可提供一項資料依據。

小過卦第六十二

【題解】

　　此卦下艮（☶）上震（☳），象徵「小有過越」。全卦揭示事物在發展過程中，有時在柔小、尋常之處應當稍為過越的道理。

【原文】

　　☷　小過①，亨，利貞。可小事，不可大事。飛鳥遺之音，不宜上，宜下，大吉。

　　彖曰：小過，小者過而亨也。過以利貞，與時行也。柔得中，是以小事吉也。剛失位而不中，是以不可大事也。有飛鳥之象焉：飛鳥遺之音，不宜上，宜下，大吉，上逆而下順也。

　　象曰：山上有雷，小過；君子以行過乎恭，喪過乎哀，用過乎儉。

　　初六，飛鳥以凶。象曰：飛鳥以凶，不可如何也。

六二，過其祖，遇其妣。不及其君，遇其臣。无咎。象曰：不及其君，臣不可過也。

九三，弗過防之，從或戕之②，凶。象曰：從或戕之，凶如何也！

九四，无咎，弗過遇之。往厲必戒，勿用，永貞。象曰：弗過遇之，位不當也。往厲必戒，終不可長也。

六五，密雲不雨，自我西郊。公弋取彼在穴③。象曰：密雲不雨，已上也。

上六，弗遇過之。飛鳥離之④，凶，是謂災眚。象曰：弗遇過之，已亢也。

【注釋】

①小過：陰稱「小」，程度之微小亦稱「小」，故「小過」之旨含有「陰柔過越」、「小事過越」、「小有過越」等義，與「大過」可相對照。

②戕（ㄑㄧㄤˊ）：害。

③弋（ㄧˋ）：將細繩繫在箭矢上射。在穴：指藏於穴中的狡獸，喻隱患、弊端。

④離：通「罹」，謂遭受。此處指飛鳥遭射殺。

【譯文】

䷽　《小過》卦象徵小有過越：亨通，利於守持正固。可以施行尋常柔小之事，不可踐履天下剛大之事。宛如飛鳥留下鳴聲，此時不宜向上強飛，宜於向下安棲，將大為吉祥。

《彖傳》說：小有過越，意思是在尋常柔小之處稍有過越而能亨通。有所過越而利於守持正固，表明應當配合適當的時候奉行此道。恰似陰柔者居中不偏，因此施行尋常柔小之事可獲吉祥。陽剛者有失正位而不能持中，所以不可踐履天下剛大之事。卦中有飛鳥的喻象：宛如飛鳥留下鳴聲，此時不宜向上強飛，宜於向下安棲，則將大為吉祥，可見向上行剛大之志必違事理，而向下施柔小之事則順合其義。

《象傳》說：山頂上響著震雷其聲過常，象徵小有過越；君子因此於日常行為稍過恭敬，面臨喪事稍過悲哀，資財費用稍過節儉。

初六，飛鳥逆勢上翔將有凶險。《象傳》說：飛鳥逆勢上翔將有凶險，這是初六自取的無可奈何的凶險。

六二，超過祖父，得遇祖母。但遠不如其君主，君主於是也遇合臣子，必無咎害。《象傳》說：遠不如其君主，說明六二作為臣子不可超越君上。

九三，不肯過為防備，將要遭人殘害，有凶險。《象傳》說：將要遭人殘害，可見九三的凶險多麼嚴峻啊！

九四，無所咎害，不過分剛強就能遇合陰柔者。但急於前往應合將有危險而務必自戒，不可施展才用，要永久守持正固。《象傳》說：不過分剛強就能遇合陰柔者，說明九四居位不甚適當故不可逞強。急於前往應合將有危險而務必自戒，說明若強行終究不能長保無害。

六五，濃雲密佈卻不降雨，雲氣的升起來自我方西邑郊外。王公射取隱藏穴中的惡獸。《象傳》說：濃雲密佈卻不降雨，說明六五陰氣漸盛已經上居尊位。

上六，不能遇合陽剛者反而超越陽剛者。宛如飛鳥高翔必遭射殺，有凶險，這就是所謂的災殃禍患。《象傳》說：不能遇合陽剛者反而超越陽剛者，表明上六已居亢極之位。

【綜論】

《小過》卦闡明事物有時必須「小有過越」之理。卦辭之旨約見於兩方面：一是此理應當用於處置「尋常柔小之事」，二是「過越」的本質體現於謙恭卑柔。當然，處「小過」之時，亦須立身端正，否則必致大凶，這又是卦辭強調「利貞」之所以然。卦中六爻的吉凶，即圍繞上述意義而發，其中六二、六五以陰柔居中，最得「小過」之旨。若與《大過》卦相互對照，則頗利於理解兩卦旨趣之不同。朱熹指出：「小過是過於慈惠之類，大過則是剛嚴果毅的氣象。」「小過

是小事過，又是過於小，如『行過乎恭，喪過乎哀，用過乎儉』，皆是過於小，退後一步、自貶底意思。」（《朱子語類》）此說正揭出《小過》的根本義理。

∾ 既濟卦第六十三 ∿

【題解】

此卦下離（☲）上坎（☵），象徵「事已成」。全卦揭示在諸事皆成之際，如何「守成」的道理。

【原文】

䷾　既濟，亨小，利貞。初吉終亂。

彖曰：既濟亨，小者亨也。利貞，剛柔正而位當也。初吉，柔得中也。終止則亂，其道窮也。

象曰：水在火上，既濟；君子以思患而豫防之。

初九，曳其輪，濡其尾，无咎。象曰：曳其輪，義无咎也。

六二，婦喪其茀①，勿逐，七日得。象曰：七日得，以中道也。

九三，高宗伐鬼方②，三年克之。小人勿用。象曰：三年克之，憊也。

六四，繻有衣袽③，終日戒。象曰：終日戒，有所疑也。

九五，東鄰殺牛，不如西鄰之禴祭，實受其福。象曰：東鄰殺牛，不如西鄰之時也。實受其福，吉大來也。

上六，濡其首，厲。象曰：濡其首厲，何可久也！

【注釋】

①茀（ㄈㄨˊ）：古代貴婦所乘車上的蔽飾。

②高宗：商朝君王武丁之號。　鬼方：國名，古代西北地方「獫狁」部

落之一。

　　③繻（ㄒㄩ）：彩色絲帛。袽（ㄖㄨˊ）：敗絮。

【譯文】

　　☷☰　《既濟》卦象徵事已成：柔小者也都獲得亨通，利於守持正固。若不慎保成功則起初吉祥而最終將致危難。

　　《彖傳》說：事已成之時的亨通，意思是連柔小者也都獲得亨通。利於守持正固，表明陽剛陰柔都必須行為端正而居位適當。起初吉祥，是由於此時即使是陰柔者也能持中不偏。最終若止於苟安必致危亂，說明成功之道已經窮盡。

　　《象傳》說：水在火上（正可煮成食物），象徵事已成；君子因此於事成之後思慮可能出現的禍患而預先防備。

　　初九，向上拖曳車輪不使猛行，小狐渡河沾濕尾巴不使速進，必無咎害。《象傳》說：向上拖曳車輪不使猛行，說明初九的行為符合謹慎守成的道理而不致咎害。

　　六二，婦人喪失車輛上的蔽飾（難以出行），不用追尋，過不了七日必將失而復得。《象傳》說：過不了七日必將失而復得，是由於六二能守持正中不偏之道。

　　九三，殷朝高宗討伐鬼方，持續三年終於獲勝。小人不可輕易任用。《象傳》說：持續三年終於獲勝，說明九三必須持久努力到疲憊的程度。

　　六四，華裳美服將要變成敝衣破絮，應當整天戒備禍患。《象傳》說：應當整天戒備禍患，說明六四此時務必有所疑懼。

　　九五，東邊鄰國殺牛盛祭，不如西邊鄰國舉行微薄的禴祭，更能切實承受神靈降予的福澤。《象傳》說：東邊鄰國殺牛盛祭，正不如西邊鄰國的禴祭適合其時。西邊鄰國更能切實地承受神靈降予的福澤，說明其吉祥將源源來臨。

　　上六，小狐渡河沾濕頭部，有危險。《象傳》說：小狐渡河沾濕頭部而有危險，說明上六不審慎而行豈能長久守成！

【綜論】

《既濟》卦名的取義，是借「涉水已竟」喻「事已成」。但全卦大旨卻是闡發「守成艱難」的道理。從卦辭看，「初吉終亂」一語，已深具事成後若不慎守必生敗亂的誡意。卦中六爻，多見警戒之旨。因此，「既濟」之時，萬事雖皆告成，「亨通」遍及「小者」，但要安保這一既成局面，實非易事。《大象傳》極言「君子」要思慮禍患而預防之，意味至為深長。宋·歐陽修就此論曰：「人情處危則慮深，居安則意怠，而患常生於怠忽也。是以君子既濟，則思患而豫防之也。」（《易童子問》）此語可以視為本卦精義的概括。

⤳ 未濟卦第六十四 ⤳

【題解】

此卦下坎（☵）上離（☲），象徵「事未成」。全卦揭示在諸事未成之際，如何審慎地促使其成、化「未濟」為「既濟」的道理。

【原文】

☲☵ 未濟，亨。小狐汔濟[①]，濡其尾，无攸利。

象曰：未濟，亨，柔得中也。小狐汔濟，未出中也。濡其尾，无攸利，不續終也。雖不當位，剛柔應也。

象曰：火在水上，未濟；君子以慎辨物居方[②]。

初六，濡其尾，吝。象曰：濡其尾，亦不知極也。

九二，曳其輪，貞吉。象曰：九二貞吉，中以行正也。

六三，未濟，征凶，利涉大川。象曰：未濟征凶，位不當也。

九四，貞吉，悔亡。震用伐鬼方，三年有賞於大國。象曰：貞吉悔亡，志行也。

六五，貞吉，无悔。君子之光，有孚吉。象曰：君子之光，其暉吉也。

上九，有孚于飲酒，无咎。濡其首，有孚失是。象曰：飲酒濡首，亦不知節也。

【注釋】

①汔（ㄑㄧˋ）：接近。

②方：猶「所」。

【譯文】

☰☷　《未濟》卦象徵事未成：勉力使成可獲亨通。若像小狐渡河接近成功，被水沾濕尾巴，則無利益。

《彖傳》說：事未成，勉力使成可獲亨通，這是要求行事者能夠柔順持中。小狐渡河接近成功，表明此時尚未脫出險中。被水沾濕尾巴，則無所利益，是由於付出的努力不能持續至終。卦中六爻儘管居位都不妥當，但陽剛陰柔皆能相互援應便可促使成功。

《象傳》說：火在水上（難以煮成食物），象徵事未成；君子因此審慎分辨物類使之各居適當的處所（於是萬事可成）。

初六，小狐渡河被水沾濕尾巴，有所憾惜。《象傳》說：小狐渡河被水沾濕尾巴，表明初六也太不知謹慎持中。

九二，向後托曳車輪不使猛行，守持正固可獲吉祥。《象傳》說：九二守持正固可獲吉祥，說明要持中行事而端正不偏。

六三，事未成，急於進取將有凶險，但利於涉越大河巨流以排除險難。《象傳》說：事未成而急於進取將有凶險，說明六三居位不妥當。

九四，守持正固可獲吉祥，悔恨消亡。以雷霆之勢討伐鬼方國，經過三年奮戰，功成必被封賞為大國君侯。《象傳》說：守持正固可獲吉祥而悔恨消亡，說明九四努力求濟的志向正在踐行。

六五，守持正固可獲吉祥，必無悔恨。這是君子的光輝，心懷誠

信便有吉祥。《象傳》說：君子的光輝，表明六五光輝煥發正呈現吉祥。

上九，信任他人而自己安閒飲酒，不致咎害。但若逸樂過度將如小狐渡河被水沾濕頭部，那是無限度地委信於人而損害正道。《象傳》說：飲酒逸樂而像小狐渡河被水沾濕頭部（遭致禍害），說明上九也太不知節制了。

【綜論】

《周易》六十四卦，以《未濟》為終，似乎蘊含著對「《易》者，變為」這一義理的歸結。從卦名看，此卦是借「未能濟渡」喻「事未成」。而全卦大旨乃在於說明：當「事未成」之時，若能審慎進取，促使其成，則「未濟」之中必有「可濟」之理。卦中諸爻所示，下三爻尚未能「濟」，主於誡其「慎」；上三爻已向「既濟」轉化，主於勉其「行」。而六爻寓意，以上九最為深長。其時雖已轉化為「既濟」，但若縱逸無度，必有重返「未濟」之危。爻義表明：事物的成敗，是隨時均可能轉化的。可見，此卦的本旨，是以設誡為最後的歸宿。從這一點看，其象徵意義廣泛展示事物的「完美」或「成功」只是相對的，「缺陷」或「未成」卻是時時伴隨著前者而存在。唯此之故，「君子」才當奮發努力，不可一時或止。

❧ 繫辭上傳 ❧

【題解】

《繫辭傳》分上下兩篇。「繫辭」二字之義，原指作《易》者在六十四卦的卦爻符號下所繫的文辭，即《周易》的六十四卦經文。此傳則是闡述《周易》經文、條貫六十四卦義理的專論。《上傳》共十二章，每章都側重從某些特定角度抒發《易》旨。

【原文】

天尊地卑，乾坤定矣。卑高以陳，貴賤位矣。動靜有常，剛柔斷矣。方以類聚[1]，物以群分，吉凶生矣。在天成象，在地成形，變化見矣。是故剛柔相摩，八卦相盪。鼓之以雷霆，潤之以風雨；日月運行，一寒一暑。乾道成男，坤道成女。乾知大始[2]，坤作成物。乾以易知，坤以簡能。易則易知，簡則易從。易知則有親，易從則有功。有親則可久，有功則可大。可久則賢人之德，可大則賢人之業。易簡，而天下之理得矣。天下之理得，而成位乎其中矣。

【注釋】

①方：道也，猶言「意識形態」。
②知：王引之《經義述聞》引王念孫曰「猶『為』也」。

【譯文】

天尊高而地卑低，乾坤的位置於是確定了。卑低尊高一經展示，事物顯貴和微賤就各居其位。天的動和地的靜有一定的規律，陽剛陰柔的性質就判然分明。天下各種意識觀念以門類相聚合，各種動物植物以群體相區分，吉和凶就在同與異的矛盾中產生。懸於天上的（如

日月星辰）成為表象，處在地面的（如山川動植）成為形體，事物變化的道理就可以從這些形象中顯現出來。所以陽剛陰柔互相摩切交感而生成八卦，八卦又互相推移變動而衍成六十四卦。恰似雷霆在鼓動，風雨在滋潤；日月往來運行，寒暑先後交替（這是天上表象的陰陽變化）。又如乾道構成男性，坤道構成女性（這是地面形體的陰陽變化）。乾的主導力體現於萬物的太初創始，坤的作用力體現於承乾而生成萬物。乾以平易為人所知，坤以簡約見其功能。平易就容易使人明瞭，簡約就容易使人順從。容易明瞭就能意志通同有人親近，容易順從就能齊心協力可建功績。有人親近處世就能長久，可建功績立身就能宏大。處世長久是賢人的美德，立身宏大是賢人的事業。明白乾坤的平易和簡約，天下的道理就都懂得了。懂得天下的道理，就能遵循天地規律而居處適中合宜的地位。

【原文】

聖人設卦觀象，繫辭焉而明吉凶，剛柔相推而生變化。是故吉凶者，失得之象也。悔吝者，憂虞之象也。變化者，進退之象也。剛柔者，晝夜之象也。六爻之動，三極之道也①。是故君子所居而安者，易之序也。所樂而玩者，爻之辭也。是故君子居則觀其象而玩其辭，動則觀其變而玩其占，是以「自天祐之，吉无不利」。

【注釋】

①三極：指天、地、人「三才」。

【譯文】

聖人觀察大自然的物象而創設六十四卦，各卦各爻下都撰繫文辭藉以表明吉凶的徵兆，卦中陽剛陰柔互相推移而產生無窮的變化。所以卦爻辭中的「吉」、「凶」，是處事或失或得的象徵。「悔」、「吝」，是處事微失而有所憂念及愁慮的象徵。諸卦反映的變化，是權衡進退的象徵。剛爻柔爻，是晝夜陰陽的象徵。六爻的變動，包含

著大千世界上至天、下至地、中至人的道理。所以君子能安穩地居處於世，正是符合《周易》所反映的特定位序。君子喜愛探研玩味的，是卦爻陳列的精微文辭。因此君子平時居處就觀察《周易》的象徵並探研玩味其文辭，有所行動就觀察《周易》的變化並探研玩味其占筮，這樣就能獲得《大有》卦上九爻辭所說的「從上天降下祐助，吉祥而無所不利」。

【原文】

象者，言乎象者也。爻者，言乎變者也。吉凶者，言乎其失得也。悔吝者，言乎其小疵也。无咎者，善補過也。是故列貴賤者存乎位，齊小大者存乎卦，辯吉凶者存乎辭①，憂悔吝者存乎介②，震无咎者存乎悔。是故卦有小大，辭有險易。辭也者，各指其所之。

【注釋】

①辯：通「辨」。

②介：纖介，指細小。

【譯文】

象辭，是總論全卦的象徵哲理。爻辭，是分析各爻的變化規律。「吉」和「凶」，表明處事或失或得。「悔」和「吝」，表明處事稍有弊病。「無咎」，表明善於補救過失。所以展示尊貴與微賤的象徵在於爻位，確定柔小與剛大的象徵在於卦體，辨別「吉」與「凶」的象徵在於卦爻辭，憂念「悔」與「吝」的象徵在於預防纖介小疵，震懼「無咎」的象徵在於內心悔悟。因此卦體有柔小和剛大之別，卦爻辭有凶險和吉順之分。卦爻辭的意義，是分別指示所應當趨避的方向。

【原文】

《易》與天地准①，故能彌綸天地之道。仰以觀於天文，俯以察

於地理，是故知幽明之故。原始反終，故知死生之說。精氣為物，遊魂為變，是故知鬼神之情狀。與天地相似，故不違。知周乎萬物而道濟天下②，故不過。旁行而不流，樂天知命，故不憂。安土敦乎仁，故能愛。範圍天地之化而不過，曲成萬物而不遺，通乎晝夜之道而知，故神无方而易无體。

【注釋】

①准：等也、同也，猶言「准擬」。

②知：同「智」。

【譯文】

《周易》的象徵與天地相准擬，所以能普遍包涵天地間的道理。運用《周易》的法則仰觀天上日月星辰的文彩，俯察地面山川原野的理致，就能知曉幽隱無形和顯明有形的事理。推原事物的初始並返求事物的終結，就能知曉死和生的規律。考察精氣凝聚成為物形，體魂遊散造成變化，就能知曉鬼神的情實和狀態。人們掌握的《周易》哲學和天地的道理相似相通，所以處事不違背天地自然的規律。智慧周遍於萬物而道德足以匡濟天下，所以行為不會偏差。權力廣泛推行而不流溢淫濫，樂其天然而知其命數，所以無所憂愁。安處自身的環境而溫柔敦厚地施行仁義，所以能泛愛天下。可見《易》道之大足以擬範周備天地的化育而不致偏失，足以曲盡細密地助成萬物的發展而不使遺漏，足以會通於幽明晝夜的道理而無所不知，所以說神奇奧妙之旨不泥於一方而《周易》的變化不定於一體。

【原文】

一陰一陽之謂道。繼之者善也，成之者性也。仁者見之謂之仁，知者見之謂之知①，百姓日用而不知，故君子之道鮮矣。顯諸仁，藏諸用，鼓萬物而不與聖人同憂。盛德大業至矣哉！富有之謂大業，日新之謂盛德。生生之謂易，成象之謂乾，效法之謂坤，極數知來之謂

占，通變之謂事，陰陽不測之謂神。

【注釋】

①知：同「智」（本句兩「知」字皆同）。

【譯文】

　　一陰一陽的矛盾變化規律就叫做「道」。傳繼此道發揚光大以開創萬物的就是「善」，蔚成此道柔順貞守以孕育萬物的就是「性」。仁者發現「道」與仁德相通就稱之為仁，智者發現「道」與智德相通就稱之為智，百姓日常應用此「道」卻茫然不知，因此君子所揭示的「道」的全面意義就很少人懂得了。天地陰陽之道顯現於仁德，潛藏於百姓日用，在自然無為中鼓動化育萬物而與聖人行道尚存憂患之心有所不同。然而聖人努力效法道的盛美德行和宏大功業也算至極無比了！大獲所有而眾物歸附稱作功業宏大，日日更新而自我完善稱作德行盛美。陰陽轉化以致生生不絕叫作變易，畫卦形成天的象徵叫作乾，畫卦仿效地的法式叫作坤，窮極著數以預知將來叫作占筮，會通萬物的變化叫作天下的事態，陰陽矛盾變化不可測定叫作微妙之神。

【原文】

　　夫《易》廣矣，大矣。以言乎遠則不禦①，以言乎邇則靜而正，以言乎天地之間則備矣。夫乾，其靜也專，其動也直，是以大生焉。夫坤，其靜也翕②，其動也闢③，是以廣生焉。廣大配天地，變通配四時，陰陽之義配日月，易簡之善配至德。

【注釋】

①不禦：猶言「無止境」。
②翕（ㄒㄧˋ）：合，閉藏。
③闢（ㄆㄧˋ）：開，展開。

【譯文】

《周易》的象徵哲理是何等廣大啊！將它應用於遠處則變化窮深遙無止境，將它應用於近處則寧靜端正不見邪僻，將它應用於天地之間則完備充實萬理俱在。象徵純陽的乾卦，當寧靜的時候是專一含養，當興動的時候是直遂不撓，所以產生剛大的氣魄。象徵純陰的坤卦，當寧靜的時候是閉藏微伏，當興動的時候是開啟展布，所以產生寬柔的氣質。《周易》哲理中寬柔剛大的象徵可以配合天地之象，變化交通的象徵可以配合四季規律，陽剛陰柔的意義可以配合日月的情態，平易簡約的美善原理可以配合至高的道德。

【原文】

子曰：「《易》其至矣乎！夫《易》，聖人所以崇德而廣業也。知崇禮卑[1]，崇效天，卑法地。天地設位，而《易》行乎其中矣。成性存存[2]，道義之門。」

【注釋】

①知：同「智」。

②存存：涵蘊而又涵蘊。

【譯文】

孔子說：「《周易》的道理應該是至善至美的啊！《周易》，是聖人用來增崇道德而開拓事業的。智慧貴在崇高而禮節貴在謙卑，崇高是仿效天，謙卑是取法地。天地設立了上下尊卑的位置，《周易》的道理就在其間變化通行。用《易》理修身以成就善性而反覆涵養蘊存，就是找到了通向道義的門戶。」

【原文】

聖人有以見天下之賾[1]，而擬諸其形容，象其物宜，是故謂之

象。聖人有以見天下之動,而觀其會通,以行其典禮,繫辭焉以斷其吉凶,是故謂之爻。言天下之至賾,而不可惡也。言天下之至動,而不可亂也。擬之而後言,議之而後動,擬議以成其變化。「鳴鶴在陰,其子和之;我有好爵,吾與爾靡之。」子曰:「君子居其室,出其言善,則千里之外應之,況其邇者乎?居其室,出其言不善,則千里之外違之,況其邇者乎?言出乎身,加乎民。行發乎邇,見乎遠。言行,君子之樞機。樞機之發,榮辱之主也。言行,君子之所以動天地也。可不慎乎?」「同人,先號咷而後笑。」子曰:「君子之道,或出或處,或默或語。二人同心,其利斷金。同心之言,其臭如蘭。」「初六,藉用白茅,无咎。」子曰:「苟錯諸地而可矣②,藉之用茅,何咎之有?慎之至也。夫茅之為物薄,而用可重也。慎斯術也以往,其无所失矣。」「勞謙,君子有終,吉。」子曰:「勞而不伐,有功而不德,厚之至也。語以其功下人者也。德言盛,禮言恭。謙也者,致恭以存其位者也。」「亢龍有悔。」子曰:「貴而无位,高而无民,賢人在下位而无輔,是以動而有悔也。」③「不出戶庭,无咎。」子曰:「亂之所生也,則言語以為階。君不密則失臣,臣不密則失身,幾事不密則害成④。是以君子慎密而不出也。」子曰:「作《易》者其知盜乎!《易》曰:『負且乘,致寇至。』負也者,小人之事也。乘也者,君子之器也。小人而乘君子之器,盜思奪之矣。上慢下暴,盜思伐之矣。慢藏誨盜,冶容誨淫。《易》曰『負且乘,致寇至』,盜之招也。」

【注釋】

①賾（ㄗㄜˊ）：深奧。

②錯：通「措」,置放。

③此節所引孔子語,與《乾》卦《文言傳》重。朱熹《周易本義》認為「當屬《文言》,此蓋重出」。

④幾事:辦事之始。幾,事之初。

【譯文】

聖人發現天下存在幽深難見的道理，就把它譬擬成具體的形態容貌，用來象徵特定事物適宜的意義，所以稱作「象」。聖人發現天下萬物具備運動不息的情狀，就觀察其中的會合變通，以利於施行典法禮儀，並在六十四卦三百八十四爻下撰繫文辭來判斷事物變動的吉凶，所以稱作「爻」。《周易》是言說天下至為幽深難見的道理，而不可鄙賤輕惡（其取象平易）。《周易》是言說天下至為紛繁複雜的變動，而不可錯亂乖違其內涵規律。作《易》者先擬喻物象然後言說道理，先審議物情然後揭示變動，透過擬喻和審議就形成此書的變化哲學。（《周易》的《中孚》卦九二爻辭說：）「鶴鳥在山陰鳴唱，其同類聲聲應和；我有一壺美酒，願與你共飲同樂。」孔子解釋道：「君子平居家中，發出美善的言論，遠在千里之外的人也將聞風回應，何況近處的人呢？平居家中，若發出不善的言論，遠在千里之外的人也將違逆背離，何況近處的人呢？言論出於自身，要被百姓所聽聞。行為作於近處，遠方的人也能看見。言論和行為，猶如君子門戶開合的機要。門戶機要的啟發，恰似或榮或辱的關鍵。言論和行為，正是君子用來鼓動天地萬物的，豈能不慎重呢？」（《同人》卦九五爻辭說：）「和同於人，起先痛哭號咷，後來欣喜歡笑。」孔子解釋道：「君子立身處世的道理，有時外出進取、有時平居安處，有時沉默寡言、有時暢發議論。兩人心意相同，猶如利刃可以切斷金屬。心意相同的語言，氣味就像蘭草一樣芬香。」（《大過》卦初六爻辭說：）「初六，用潔白的茅草襯墊承放（奉獻尊者之物），必無咎害。」孔子說：「假如直接放在地上也是可以的，何況又用茅草襯墊著承放，哪有什麼咎害呢？這是敬慎之至的行為。茅草是微薄的東西，但可以發揮重大作用。慎守這種恭謹的方法而前往，必將無所過失吧。」（《謙》卦九三爻辭說：）「勤勞謙虛的君子，保持謙德至終，吉祥。」孔子解釋道：「勤勞而不自誇其善，有功而不自居其德，確實是敦厚至極啊。這是稱讚有功勳而能謙下於人的君子。道德

務須隆盛，禮節追求恭謹。謙虛的旨趣，在於要求人們致力於恭謹以保存既有的地位。」（《乾》卦上九爻辭說：）「巨龍窮飛至極，終將有悔恨。」孔子解釋道：「這是譬喻某種人尊貴而沒有實位，崇高而管不到百姓，賢明的人居下位而不輔助他，所以一旦輕舉妄動就將有所悔恨。」（《節》卦初九爻辭說：）「不跨出戶庭，必無咎害。」孔子解釋道：「禍亂的產生，往往是言語不守機密引起的。君主不守機密就使臣下受損失，臣下不守機密就使自身受損失，辦事的初始不守機密就危害成功。因此君子處事總是慎守機密而不妄出言語。」孔子又說道：「《周易》的作者大概瞭解盜寇之事吧？《周易》的《解》卦六三爻辭說：『背負重物而身乘大車，必致強寇前來奪取。』背負重物，是小人的事務。所乘大車，是君子的車具。小人卻乘坐君子的車具，盜寇就要思謀奪取了。上者任人輕慢而下者驕奢暴虐，盜寇就要思謀侵伐了。疏忽於收藏財物就是招人為盜，妖冶其容貌姿態就是誘人淫蕩。《周易》說『背負重物而身乘大車，必致強寇前來奪取』，盜寇正是這樣招引來的啊。」

【原文】

天一，地二。天三，地四。天五，地六。天七，地八。天九，地十①。天數五，地數五。五位相得，而各有合。天數二十有五，地數三十，凡天地之數五十有五。此所以成變化而行鬼神也②。大衍之數五十③，其用四十有九。分而為二以象兩，掛一以象三，揲之以四以象四時④，歸奇於扐以象閏⑤。五歲再閏，故再扐而後掛。乾之策二百一十有六⑥，坤之策百四十有四⑦，凡三百有六十，當期之日。二篇之策⑧，萬有一千五百二十，當萬物之數也。是故四營而成易⑨，十有八變而成卦，八卦而小成。引而伸之，觸類而長之，天下之能事畢矣。顯道神德行，是故可與酬酢，可與祐神矣。子曰：「知變化之道者，其知神之所為乎？」

【注釋】

①「天一」至「地十」：本在第十章「子曰夫易何為者也」之前。朱熹《周易本義》承程頤之說，謂為錯簡，並移置於此。今從之。

②「天數五」至「行鬼神也」：本在此章下文「故再扐而後掛」之後。朱熹《周易本義》謂為錯簡，並移置於此。今從之。

③衍：演也。謂演繹。

④揲（ㄕㄜˊ）：數也，用手成束地分數蓍策，即計算、分算。

⑤扐（ㄌㄜˋ）：夾於手指之間。

⑥乾之策：《乾》卦六爻皆「老陽」，每爻「過揲之策」為三十六，六爻則為二百一十六。

⑦坤之策：《坤》卦六爻皆「老陰」，每爻「過揲之策」為二十四，六爻則為一百四十四。

⑧二篇之策：指《周易》上下經六十四卦三百八十四爻「過揲之策」的總和。

⑨四營：「營」猶言「經營」，即上文所稱「分二」、「掛一」、「揲四」、「歸奇」這四道占筮程序。

【譯文】

天數一，地數二。天數三，地數四。天數五，地數六。天數七，地數八。天數九，地數十。天的數字象徵有一、三、五、七、九這五個奇數，地的數字象徵有二、四、六、八、十這五個偶數。五位奇偶數互相搭配，各能諧合。五個天數相加為二十五，五個地數相加為三十，天地的象徵數總和為五十五。這就是《周易》以數字象徵形成變化哲學而通行於陰陽鬼神之奧理的一方面特點。廣為演繹的占筮之數是用五十根蓍策表示，其中虛一不用而實用四十九。把四十九策任意分為左右兩份以象徵天地兩儀，從中取一策懸掛在左手小指間以象徵天地人三才，每束四策地揲算蓍策以象徵四季，把右份揲算剩餘的蓍策歸附夾勒在左手無名指間以象徵閏月。五年再出現閏月，於是

再把左份揲算剩餘的蓍策夾勒在左手中指間，而後別起一卦反覆揲算。《乾》卦在演蓍中的「過揲之策」為二百一十六策，《坤》卦為一百四十四策，相當於一年三百六十天。《周易》上下經六十四卦則為一萬一千五百二十策，相當於萬物之數。因此透過分二、掛一、揲四、歸奇這「四營」過程就筮得《周易》的卦形，其中每十八次變數形成一卦，而每九變出現的八卦之一則為小成之象。這樣朝著六十四卦引申推廣，遇到相應的事類就增長發揮其象徵意義，天下所能取法的事理就賅盡無遺了。《周易》的占筮能夠彰顯出幽隱的道理而神奇地玉成令德美行，所以運用《易》理可以應對萬物之求，可以祐助神化之功。孔子說：「通曉變化道理的人，大概知道神妙的自然規律吧？」

【原文】

《易》有聖人之道四焉：以言者尚其辭，以動者尚其變，以制器者尚其象，以卜筮者尚其占。是以君子將有為也，將有行也，問焉而以言，其受命也如響，无有遠近幽深，遂知來物。非天下之至精，其孰能與於此？參伍以變[①]，錯綜其數。通其變，遂成天地之文。極其數，遂定天下之象。非天下之至變，其孰能與於此？《易》无思也，无為也。寂然不動，感而遂通天下之故。非天下之至神，其孰能與於此？夫《易》，聖人之所以極深而研幾也。唯深也，故能通天下之志。唯幾也，故能成天下之務。唯神也，故不疾而速，不行而至。子曰《易》有聖人之道四焉者，此之謂也。

【注釋】

①參伍：即「三五」，猶言「三番五次」。與下句「錯綜」為互文。

【譯文】

《周易》含有聖人常用的四方面道理：用它來指導言論的人崇尚

它的文辭精義，用它來指導行動的人崇尚它的變化規律，用它來指導製作器物的人崇尚它的卦爻象徵，用它來指導卜問筮決的人崇尚它的占卦原理。所以君子將有所施為，有所行動之時，就用《周易》來揣算占問而據以發言處事，《周易》便能如回應聲地承受占筮者的蓍命，不論遙遠切近還是幽隱深邃的問題，都能推知將來的物狀事態。若不是通曉天下極為精深的道理，誰能做到這樣？三番五次地研求卦變，錯綜往復地推衍蓍數。匯通其卦變，就能蔚成天地的文彩。窮究其蓍數，就能判定天下的物象。若不是通曉天下極為複雜的變化，誰能做到這樣？《周易》之理並非冥思苦想而生，是自然無為所成。它寂然而無所動，透過陰陽交感之象就能貫通天下萬事。若不是通曉天下極為神妙的規律，誰能做到這樣？《周易》，是聖人用來窮究幽深事理而探研細微徵象的經典著作。只有明白幽深的事理，才能會通天下的心志。只有知悉細微的徵象，才能成就天下的事務。只有神奇地融會《易》道，才能不需急疾而萬事速成，不需行動而萬理自至。孔子稱《周易》含有聖人常用的四方面道理，說的就是這種意思。

【原文】

　　子曰：「夫《易》何為者也？夫《易》開物成務，冒天下之道，如斯而已者也。」是故聖人以通天下之志，以定天下之業，以斷天下之疑。是故蓍之德圓而神，卦之德方以知，六爻之義易以貢[1]。聖人以此洗心，退藏於密，吉凶與民同患。神以知來，知以藏往。其孰能與於此哉？古之聰明睿知，神武而不殺者夫！是以明於天之道，而察於民之故，是興神物，以前民用。聖人以此齊戒[2]，以神明其德夫。是故闔戶謂之坤，闢戶謂之乾。一闔一闢謂之變，往來不窮謂之通。見乃謂之象，形乃謂之器，制而用之謂之法。利用出入，民咸用之謂之神。是故易有太極，是生兩儀，兩儀生四象，四象生八卦，八卦定吉凶，吉凶生大業。是故法象莫大乎天地，變通莫大乎四時，縣象著明莫大乎日月[3]，崇高莫大乎富貴。備物致用，立成器以為天下利，莫大乎聖人。探賾索隱，鉤深致遠，以定天下之吉凶，成天下之亹

亹者④，莫大乎蓍龜。是故天生神物，聖人則之。天地變化，聖人效之。天垂象，見吉凶，聖人象之。河出圖，洛出書，聖人則之。易有四象，所以示也。繫辭焉，所以告也。定之以吉凶，所以斷也。

【注釋】

①貢：告也。

②齊（ㄑㄧˊ）：通「齋」。

③縣：通「懸」。

④亹亹（ㄨㄟˇㄨㄟˇ）：同「娓娓」，勤勉貌。

【譯文】

孔子說：「《周易》被撰寫出來作什麼用呢？它是用來開啟物智而成就事務，普遍包容天下的道理，如此而已罷了。」因此聖人用《周易》的理論會通天下的心志，確定天下的事業，解決天下的疑難。所以《周易》蓍數的性質圓通而神奇，卦體的性質方正而明智，六爻的意義充滿變易而告人吉凶。聖人用《周易》洗濯淨化其心，退而隱秘深藏其功用，面對吉凶事態與百姓同處憂患。神奇地推知將來的局勢，明智地含藏往昔的哲理。一般人誰能做到這樣啊？只有像古代那些聰明睿智、神武而不用刑殺的（如伏羲、文王這樣的）君主才能如此啊！因此創作《周易》的聖人能夠明確天的道理，察知天下百姓的事狀，於是興起神妙的蓍占之物引導百姓使用以避凶趨吉。聖人用《周易》修齋持戒，正是為了神奇地修明其道德吧！所以《易》理宛如關閉門戶包藏萬物叫作坤，打開門戶吐生萬物叫作乾。一閉一開的交感溝通叫作變化，往來變化無窮叫作會通。變化情狀有所顯現叫作表象，變化之後產生的形體叫作器物，製造器物以供人使用叫作仿效。器物利於反覆運用，百姓無時不在運用卻不知其來歷叫作神奇。所以《周易》創作之始先有混沌未分的太極，太極化生陰陽兩儀，兩儀化生太陰、太陽、少陰、少陽四象，四象化生乾、坤、震、巽、坎、離、艮、兌八卦，八卦的變化推衍就能判定事物吉凶，吉凶得以

判定就能導生盛大的事業。所以仿效自然沒有比天和地更顯著的，變化貫通沒有比一年四季更顯著的，高懸表象呈現光明沒有比太陽和月亮更顯著的，崇高煌赫沒有比榮華富貴更顯著的。創置各種實物供人使用，製造器具以便利天下，沒有比聖人更顯著的。探索微隱難見之理，鉤致幽深遙遠之物，以判定天下萬事的吉凶，助成天下百姓勤勉不懈的功業，沒有比蓍占龜卜更顯著的。所以天生神奇的蓍草和靈龜，聖人取法它創立卜筮。天地呈現四季變化，聖人仿效它制定律令。天上垂懸日月星辰之象，顯示吉凶的證物，聖人類比它製造觀天儀器。黃河出現龍圖，洛水出現龜書，聖人取則於它們發明八卦和九疇。《周易》有太陰、太陽、少陰、少陽這四象，是用來喻示事物變動的徵兆。在六十四卦下撰繫文辭，是用來告訴人們事物變化的情狀。卦爻辭中確定了吉凶占語，是用來判斷處事的得失。

【原文】

　　《易》曰：「自天祐之，吉无不利。」子曰：「祐者，助也。天之所助者，順也。人之所助者，信也。履信思乎順，又以尚賢也，是以自天祐之，吉无不利也。」子曰：「書不盡言，言不盡意。」然則聖人之意其不可見乎？子曰：「聖人立象以盡意，設卦以盡情偽，繫辭焉以盡其言，變而通之以盡利，鼓之舞之以盡神。」乾坤，其《易》之縕邪[①]？乾坤成列，而《易》立乎其中矣。乾坤毀，則无以見《易》。《易》不可見，則乾坤或幾乎息矣。是故形而上者謂之道，形而下者謂之器，化而裁之謂之變，推而行之謂之通，舉而錯之天下之民謂之事業。是故夫象，聖人有以見天下之賾，而擬諸其形容，象其物宜，是故謂之象。聖人有以見天下之動，而觀其會通，以行其典禮，繫辭焉以斷其吉凶，是故謂之爻[②]。極天下之賾者存乎卦。鼓天下之動者存乎辭。化而裁之存乎變。推而行之存乎通。神而明之存乎其人。默而成之，不言而信，存乎德行。

【注釋】

①絪：通「蘊」。

②「聖人有以見天下之賾」至「是故謂之爻」：這一段與第八章文重。朱熹《周易本義》承孔穎達之說，以為是「重出以引起下文」。

【譯文】

《周易》的《大有》卦上九爻辭說：「從上天降下祐助，吉祥而無所不利。」孔子解釋道：「祐助，就是幫助的意思。天所說明的，是順從正道者。人所說明的，是篤守誠信者。能夠踐履誠信而時刻思慮順從正道，又能尊尚賢人，所以就獲得從上天降下的祐助，吉祥而無所不利。」孔子說：「文字難以完全表達人的語言，語言難以完全表達人的思想。」那麼，聖人的思想難道就無法體現了嗎？孔子指出：「聖人創立象徵形象來全面展示他的思想，設置六十四卦來全面反映物情的真實與偽詐，在卦下撰繫文辭來全面表述他的語言，又變化會通三百八十四爻來全面施利於萬物，於是就能鼓勵推動天下人來全面發揮《周易》的神奇道理。」乾坤兩卦，應該是《周易》的精蘊吧？乾坤分列上下，《周易》哲理就確立於其中了。要是乾坤的象徵毀滅，就不可能出現《周易》哲學。《周易》哲學不能出現，乾坤化育的道理或許差不多無人知曉而要止息了。因此居於形體之上的精神因素叫作「道」，處於形體以下的物質狀態叫作「器」，（兩者相互作用而導致）事物交感化育並互為裁節叫作「變」，順沿變化規律推廣而旁行叫作「通」，將這些道理交給天下百姓使用叫作「事業」。因此所謂「象」，是聖人發現天下存在幽深難見的道理，就把它譬擬成具體的形態容貌，用來象徵特定事物適宜的意義，所以稱作「象」。聖人發現天下萬物具備有運動不息的情狀，就觀察其中的會合變通，以利於施行典法禮儀，並在六十四卦下撰繫文辭來判斷事物變動的吉凶，所以稱作「爻」。足以窮極天下幽深難見道理的在於《周易》卦形的象徵。足以鼓舞天下百姓奮動振作的在於卦爻辭的精

義。足以促使萬物交相感化而互為裁節的在於各爻的變動。足以讓萬物順沿變化規律推廣而旁行的在於各卦的會通。足以使《周易》的道理神奇而明暢的在於運用《周易》的人。學《易》者能夠默然而有所成就，不需憑藉言辭便能取信於人，在於美好的道德品行。

【綜論】

　　《繫辭傳》分為上下篇的原因，朱熹《周易本義》指出：「以其通論一經之大體凡例，故無經可附，而自分上下。」《上傳》十二章，始於乾坤「平易」、「簡約」，終於學《易》當「存乎德行」，每章大略都側重某一角度抒論。從整體看，其內容正如朱熹所云：「或言造化以及《易》，或言《易》以及造化，不出此理。」（《朱子語類》）用今天的話說，就是把《易》理同自然界的發展規律結合起來探討，以體現作者的哲學觀點。這是《繫辭傳》上下篇的通例。

◈ 繫辭下傳 ◈

【題解】

　　此傳十二章，與《上傳》一樣，諸章各自側重於某一角度抒論，而章與章之間又有一定聯繫。其內容均不離闡明易道、揭示哲理的主旨。

【原文】

　　八卦成列，象在其中矣。因而重之，爻在其中矣。剛柔相推，變在其中矣。繫辭焉而命之，動在其中矣。吉凶悔吝者，生乎動者也。剛柔者，立本者也。變通者，趣時者也[1]。吉凶者，貞勝者也。天地之道，貞觀者也。日月之道，貞明者也。天下之動，貞夫一者也。夫乾，確然示人易矣。夫坤，隤然示人簡矣[2]。爻也者，效此者也。象

也者，像此者也。爻象動乎內，吉凶見乎外。功業見乎變，聖人之情見乎辭。天地之大德曰生，聖人之大寶曰位。何以守位曰仁③，何以聚人曰財。理財正辭，禁民為非曰義。

【注釋】

①趣：通「趨」。

②隤（ㄊㄨㄟˊ）：柔順之貌。

③仁：通「人」。

【譯文】

八卦創成而分列其位，萬物的象徵就都在其中了。依據八卦而重疊為六十四卦，三百八十四爻就都在其中了。剛爻柔爻相互推移，變化的道理就都在其中了。在卦爻下撰繫文辭而闡明吉凶，事物適時變動的規律就都在其中了。吉凶悔吝，產生於變動。陽剛陰柔，是確立一卦的根本。變化會通，是趨赴合宜的時機。吉凶的規律，說明守正就無往不勝。天地的道理，說明守正就受人瞻仰。日月的道理，說明守正就煥發光明。天下的變動，說明萬物都應當專一守正。乾卦的特徵，是明確剛健而以平易顯示於人。坤卦的特徵，是柔弱溫順而以簡約顯示於人。爻，就是仿效某種事物的變動。象，就是模擬某種事物的情態。爻和象變動於卦內的不同位置，吉和凶體現於卦外的種種事物。人們功業的創獲體現於把握變動規律，聖人示教天下的弘深意旨體現於卦爻辭。天地的偉大德澤是「化生」，聖人的重大珍寶是「盛位」。用什麼來守持盛位是「仁人」，用什麼來聚集仁人是「財物」。經營財物而端正言辭，禁止百姓為非亂法就是「合義」。

【原文】

古者包犧氏之王天下也①，仰則觀象於天，俯則觀法於地，觀鳥獸之文，與地之宜，近取諸身，遠取諸物，於是始作八卦，以通神明之德，以類萬物之情。作結繩而為罔罟②，以佃以漁③，蓋取諸

《離》。包犧氏沒，神農氏作，斲木為耜④，揉木為耒⑤，耒耨之利⑥，以教天下，蓋取諸《益》。日中為市，致天下之民，聚天下之貨，交易而退，各得其所，蓋取諸《噬嗑》。神農氏沒，黃帝、堯、舜氏作，通其變，使民不倦。神而化之，使民宜之。易窮則變，變則通，通則久，是以「自天祐之，吉无不利」。黃帝、堯、舜垂衣裳而天下治，蓋取諸《乾》、《坤》。刳木為舟，剡木為楫，舟楫之利以濟不通，致遠以利天下，蓋取諸《渙》。服牛乘馬，引重致遠，以利天下，蓋取諸《隨》。重門擊柝，以待暴客，蓋取諸《豫》。斷木為杵，掘地為臼，臼杵之利，萬民以濟，蓋取諸《小過》。弦木為弧，剡木為矢，弧矢之利，以威天下，蓋取諸《睽》。上古穴居而野處，後世聖人易之以宮室，上棟下宇，以待風雨，蓋取諸《大壯》。古之葬者，厚衣之以薪，葬之中野，不封不樹⑦，喪期無數，後世聖人易之以棺槨，蓋取諸《大過》。上古結繩而治，後世聖人易之以書契，百官以治，萬民以察，蓋取諸《夬》。

【注釋】

①包犧：即「伏羲」。包，通「伏」；「犧」，通「羲」。

②作：發明。罔：同「網」。罟（ㄍㄨˇ）：也是網的名稱。

③佃：即「田」，指田獵。漁：捕魚。

④斲（ㄓㄨㄛˊ）：即「斫」，砍削。耜（ㄙˋ）：上古農具「耒耜」的下端部分。

⑤耒（ㄌㄟˇ）：上古農具「耒耜」的曲柄。

⑥耨（ㄋㄡˋ）：耘田。利：好處。

⑦封：堆土為墳。

【譯文】

　　古時候伏羲氏治理天下，他抬頭觀察天上的表象，俯身觀察大地的形狀，觀察飛禽走獸身上的紋理，以及合宜存在於地上的種種事物，從近處擬取人體自身作象徵，從遠處擬取各類物形作象徵，於是

創作了八卦，用來貫通大自然神奇光明的德性，用來類比天下萬物的情態。伏羲氏發明編結繩子的方法以製造羅網，用來圍獵捕魚，大概是接受了《離》卦綱目相連而物能附麗的象徵啟迪吧。伏羲氏去世，神農氏繼起，他砍削樹木製成耒耜的耙頭，揉彎木杆製成耒耜的曲柄，耜耒這種翻土農具的好處在於可用來教導天下百姓耕作，這大概是接受了《益》卦木體能入而下動的象徵啟迪吧。他又規定中午作為墟市時間，以便招致天下的百姓，聚集天下的貨物，進行交換貿易然後歸去，各人都獲得所需的物品，這大概是接受了《噬嗑》卦上光明下興動而交往相合的象徵啟迪吧。神農氏去世，黃帝、堯、舜先後繼起，他們會通改變前代的器物、制度，使百姓進取不懈。在實踐中神奇地變革優化，使百姓應用適宜。《周易》之理在於闡明事物發展窮極就出現變化，變化就能開拓暢通，暢通就可以長久生存，所以能夠導致《大有》卦上九爻辭所說的「從上天降下祐助，吉祥而無所不利」。黃帝、堯、舜改革服裝讓人們穿著長垂的衣裳而天下大治，這大概是接受了《乾》、《坤》兩卦上衣下裳的象徵啟迪吧。他們挖空樹身成為船隻，削制木板成為槳楫，船隻和槳楫的好處在於可用來濟度難以通行的江河，可以使人直達遠方而便利天下，這大概是接受了《渙》卦木在水上而流行如風的象徵啟迪吧。他們駕牛乘馬，拖運重物而馳向遠處，以施利於天下百姓，這大概是接受了《隨》卦下能運動而上者欣悅的象徵啟迪吧。他們設置多重屋門而夜間敲梆警戒，以防暴徒強寇，這大概是接受了《豫》卦設雙門、敲小木而為預備的象徵啟迪吧。他們斫斷木頭作為搗杵，挖掘地面作為搗臼，搗臼和搗杵的好處，在於使萬民用來舂米為食，這大概是接受了《小過》卦上動下止的象徵啟迪吧。他們彎曲木條並在兩端安上弦繩作為弓弧，削尖木枝作為箭矢，弓箭的好處，在於可用來威服天下，這大概是接受了《睽》卦事物乖睽而用威制服的象徵啟迪吧。遠古的人居住在洞穴而散處野外，後代聖人建造房屋改變了過去的居處方式，於是上有棟樑下有簷宇，可以用來防備風雨侵襲，這大概是接受了《大壯》卦上動下健而大為壯固的象徵啟迪吧。古時候喪葬的辦法，只用柴草層層裹

纏死者的遺體，埋在荒野之間，不堆墳墓也不植樹木，沒有限定的居喪期數，後代聖人發明棺槨改變了過去的喪葬習俗，這大概是接受了《大過》卦處事不妨過於厚盛的象徵啟迪吧。遠古的人們繫結繩子作標記來處理各種事務，後代聖人發明契刻文字改變了過去的結繩方式，百官可以用它治理政務，萬民可以用它稽查瑣事，這大概是接受了《夬》卦斷事明決的象徵啟迪吧。

【原文】

是故易者，象也。象也者，像也。彖者，材也①。爻也者，效天下之動者也。是故吉凶生而悔吝著也。

【注釋】

①材：猶言「材德」。

【譯文】

所以《周易》，就是一部象徵作品。象徵，即是模擬外物以喻意。彖辭，是總說一卦的材德。六爻，是仿效天下萬物的變動情狀。因此行動有得有失就產生「吉」、「凶」，而行動小有疵病就出現「悔」、「吝」。

【原文】

陽卦多陰①，陰卦多陽②。其故何也？陽卦奇，陰卦耦。其德行何也？陽一君而二民，君子之道也。陰二君而一民，小人之道也。

【注釋】

①陽卦：指八卦中的震、坎、艮三卦。
②陰卦：指八卦中的巽、離、兌三卦。

【譯文】

　　八卦的陽卦中陰畫居多，陰卦中陽畫居多。那是什麼緣故呢？因為陽卦以一陽為主，所以陽少陰多，陰卦以二陽為主，所以陰少陽多。兩者各自說明什麼德性品行呢？陽卦一個君主兩個百姓（說明君主受到百姓擁戴而上下協心），這是君子之道。陰卦兩個君主一個百姓（說明君主相互傾軋而下者貳心其主），這是小人之道。

【原文】

　　《易》曰：「憧憧往來，朋從爾思。」子曰：「天下何思何慮？天下同歸而殊塗，一致而百慮，天下何思何慮？日往則月來，月往則日來，日月相推而明生焉。寒往則暑來，暑往則寒來，寒暑相推而歲成焉。往者屈也，來者信也①，屈信相感而利生焉。尺蠖之屈，以求信也。龍蛇之蟄，以存身也。精義入神，以致用也。利用安身，以崇德也。過此以往，未之或知也。窮神知化，德之盛也。」《易》曰：「困於石，據于蒺藜，入于其宮，不見其妻，凶。」子曰：「非所困而困焉，名必辱。非所據而據焉，身必危。既辱且危，死期將至，妻其可得見邪？」《易》曰：「公用射隼于高墉之上，獲之，无不利。」子曰：「隼者，禽也。弓矢者，器也。射之者，人也。君子藏器於身，待時而動，何不利之有？動而不括，是以出而有獲，語成器而動者也。」子曰：「小人不恥不仁，不畏不義，不見利不勸，不威不懲。小懲而大誡，此小人之福也。《易》曰：『屨校滅趾②，无咎。』此之謂也。」「善不積不足以成名，惡不積不足以滅身。小人以小善為無益而弗為也，以小惡為無傷而弗去也，故惡積而不可掩，罪大而不可解。《易》曰：『何校滅耳，凶。』」子曰：「危者，安其位者也。亡者，保其存者也。亂者，有其治者也。是故君子安而不忘危，存而不忘亡，治而不忘亂。是以身安而國家可保也。《易》曰：『其亡其亡，繫於苞桑。』」子曰：「德薄而位尊，知小而謀大，力少而任重③，鮮不及矣！《易》曰：『鼎折足，覆公餗，其形

渥，凶。』言不勝其任也。」子曰：「知幾其神乎？君子上交不諂，下交不瀆，其知幾乎？幾者，動之微，吉之先見者也。君子見幾而作，不俟終日。《易》曰：『介於石，不終日，貞吉。』介如石焉，寧用終日？斷可識矣！君子知微知彰，知柔知剛，萬夫之望。」子曰：「顏氏之子，其殆庶幾乎？有不善，未嘗不知。知之，未嘗復行也。《易》曰：『不遠復，無祇悔，元吉。』」「天地絪縕④，萬物化醇。男女構精，萬物化生。《易》曰：『三人行，則損一人。一人行，則得其友。』言致一也。」子曰：「君子安其身而後動，易其心而後語，定其交而後求。君子修此三者，故全也。危以動，則民不與也。懼以語，則民不應也。無交而求，則民不與也。莫之與，則傷之者至矣。《易》曰：『莫益之，或擊之。立心勿恆，凶。』」

【注釋】

①信：通「伸」。

②屨：原作「履」，據阮元《十三經注疏校勘記》校改。

③少：原作「小」，據阮元《十三經注疏校勘記》校改。

④絪縕（一ㄣ ㄩㄣ）：又作「氤氳」。此處指天地陰陽二氣交感綿密之狀。

【譯文】

　　《周易》的《咸》卦九四爻辭說：「心意不定地頻頻往來，友朋終將順從你的思念。」孔子解釋道：「天下事何必思念又何須憂慮？天下萬物透過自然感應就能沿著不同的道路走向共同的目標，使千百種思慮合併為統一的觀念，天下事何必思念又何必憂慮？恰如太陽西往於是月亮東來，月亮西往於是太陽東來，太陽月亮交相推移而光明常生。寒季歸去於是暑季前來，暑季歸去於是寒季前來，寒季暑季交相推移而年歲形成。『往』就是回縮，『來』就是伸展，回縮和伸展交相感應而利益常生。尺蠖毛蟲回縮身體，是為了求得伸展。巨龍長蛇冬眠潛伏，是為了保存自身。學者精研道義而潛心神理，是為了謀

求施用。利於施用而安處其身，是為了增崇美德。超越『求用』和
『崇德』的境界再往前發展，就沒有誰能知曉其最終結局了。至於
窮極神奧之理而通曉變化之道，那是品德純美隆盛之時所自然產生
的。」《周易》的《困》卦六三爻辭說：「困在巨石下石堅難入，憑
據在蒺藜上棘刺難踐。即使退入自家居室，也盼不到配人為妻的一
天，有凶險。」孔子解釋道：「困守在不妥當的處所，名聲必受損
辱。憑據在不適宜的地方，其身必遭危險。既受損辱又遭危險，滅亡
的日期行將來臨，哪有可能見到配人為妻的一天呢？」《周易》的
《解》卦上六爻辭說：「王公發矢射擊竊據高城上的惡隼，一舉射
獲，無所不利。」孔子解釋道：「惡隼，是禽鳥。弓矢，是武器。發
矢射擊惡隼的，是人。君子身上預藏器物，等待時機而行動，哪會有
什麼不利呢？有所行動而毫無滯礙約束，因此外出進取必有收穫。這
是強調要預先配備現成的器物然後再行動。」孔子說道：「小人不知
羞恥而不明仁德，不畏正理而不行道義，不見到利益就不想勤勉，不
受到威脅就不能戒惕。若遭受微小懲罰而承獲重大鑒誡，這倒是小人
的幸運。《周易》的《噬嗑》卦初九爻辭說：『足著刑具而傷滅腳
趾，不致咎害。』講的正是這一道理。」（孔子又說：）「善行不積
累不足以成就美名，惡行不積累不足以滅亡其身。小人把小善看成無
益的事而不屑於施行，把小惡看成無傷大體的事而不願意除去，所以
惡行積累滿盈而無法掩蓋，罪孽發展深重而難以解救。因此《周易》
的《噬嗑》卦上九爻辭說道：『肩荷刑具，遭受傷滅耳朵的重罰，有
凶險。』」孔子說：「凡是顛危的，都曾經逸樂安居其位。凡是滅亡
的，都曾經自以為長保生存。凡是敗亂的，都曾經自恃萬事整治。因
此君子安居而不忘顛危，生存而不忘滅亡，整治而不忘敗亂。這樣自
身就能長安而國家可以永葆。《周易》的《否》卦九五爻辭就指出：
『（心中必須自警：）將要滅亡、將要滅亡，就能像繫結於叢生的桑
樹一樣安然無恙。』」孔子說：「才德淺薄而地位尊高，智能窄小而
圖謀宏大，力量微弱而身負重任，這樣的人很少有不遭遇災禍的。
《周易》的《鼎》卦九四爻辭說道：『鼎器難承重荷折斷足，王公的

美食全被傾覆，鼎身沾濡一派齷齪，有凶險。』正是說明力不勝任的情狀。」孔子說：「能夠預知幾微的事理應該算是達到神妙境界了吧？君子與上者交往不諂媚，與下者交往不瀆慢，這可以說是能夠預知幾微的事理吧！幾微的事理，是事物變動的微小徵兆，吉凶的結局因之而先有隱約的流露。君子一發現幾微的事理就迅速採取相應的行動，不會稽留到一天終竟。《周易》的《豫》卦六二爻辭說：『耿介如石，不等候一天終竟就悟知歡樂必須適中之理，守持正固可獲吉祥。』既然有耿介如石的品德，又豈須等候一天終竟才領悟道理呢？當時必定就能斷然明知！君子知曉隱微的徵兆就懂得昭著的結局，知曉陰柔的功益也就懂得陽剛的效用，這是千萬人所矚望的傑出人物。」孔子說：「顏淵這位賢弟子，他的道德大概接近完美了吧？一有不善的苗頭，沒有不自知的。一知不善的行為，沒有再次重犯的。恰如《周易》的《復》卦初九爻辭所說：『起步不遠就回復正道，必無災患與悔恨，至為吉祥。』」（孔子說：）「天地二氣纏綿交密，萬物化育醇厚。男女陰陽交合其精，萬物化育孕生。《周易》的《損》卦六三爻辭說：『三人同行欲求一陽，必將損彼陽剛一人。一人獨行（專心求合），就能得其強健友朋。』正是表明陰陽相求必須專心致一。」孔子說：「君子先安定其身然後有所行動，先平和內心然後發表言論，先確定交往然後向人求助。君子能修美這三種德性，所以於人於己兩全其益。自身傾危而急於行動，百姓就不予協助。內心疑懼而發表言論，百姓就不予響應。無所交往而向人求助，百姓就不願給予。無人給他利益，於是損害他的人就跟著來了。正如《周易》的《益》卦上九爻辭所說：『沒有人增益他，有人攻擊他。居心不常安而貪求無厭，有凶險。』」

【原文】

　　子曰：「《乾》、《坤》，其《易》之門邪？」乾，陽物也。坤，陰物也。陰陽合德而剛柔有體，以體天地之撰，以通神明之德。其稱名也，雜而不越。於稽其類[1]，其衰世之意邪？夫《易》，彰往

而察來，而微顯闡幽。開而當名辨物，正言斷辭則備矣。其稱名也小，其取類也大。其旨遠，其辭文，其言曲而中，其事肆而隱。因貳以濟民行②，以明失得之報。

【注釋】

①於（ㄨ，音烏）：語氣詞。

②貳：指乾坤陰陽二理。

【譯文】

孔子說：「《乾》、《坤》兩卦，應該是《周易》的門戶吧？」乾，是陽剛物象。坤，是陰柔物象。陰陽氣質相配合而剛柔各具形體，可以用來體察天地的撰述營構，用來貫通大自然神奇光明的德性。《周易》卦爻辭所稱述的物名，儘管繁雜卻不逾越卦爻義理。稽考卦爻辭所表述的事類多有憂虞警誡之意，或許是流露作者處在衰危之世的思想吧？《周易》的主旨，是揭明往昔的變故而察辨將來的事態，顯示初微的徵兆而闡述幽深的道理。作《易》者開釋卦爻撰繫文辭使各卦各爻名義適當而物象明辨，使語言周正而措辭決斷以至天下萬理俱備。卦爻辭所稱述比譬的物名雖然多是細小平凡的，但所取喻的事類卻十分廣泛博大。它的意旨深遠，修辭頗飾文彩，語言曲折切中事理，所用典故明白顯露而哲理隱奧。運用《周易》陰陽兩方面的道理濟助百姓的行動，可以讓人們明確感受到事物吉凶得失的應驗。

【原文】

《易》之興也，其于中古乎？作《易》者，其有憂患乎？是故《履》，德之基也。《謙》，德之柄也。《復》，德之本也。《恆》，德之固也。《損》，德之修也。《益》，德之裕也。《困》，德之辨也。《井》，德之地也。《巽》，德之制也。《履》，和而至。《謙》，尊而光。《復》，小而辯於物①。《恆》，雜而不厭。《損》，先難而後易。《益》，長裕而不設。

《困》，窮而通。《井》，居其所而遷。《巽》，稱而隱。《履》以和行。《謙》以制禮。《復》以自知。《恆》以一德。《損》以遠害。《益》以興利。《困》以寡怨。《井》以辯義。《巽》以行權。

【注釋】

①辯：通「辨」。

【譯文】

　　《周易》的興起，大概在殷商之末的中古時代吧？創作《周易》的人，大概心懷憂患吧？因此《履》卦象徵小心履禮，是樹立道德的初基。《謙》卦象徵行為謙虛，是施行道德的柯柄。《復》卦象徵回復正途，是遵循道德的根本。《恆》卦象徵守正有恆，是鞏固道德的前提。《損》卦象徵自損不善，是修美道德的途徑。《益》卦象徵施益於人，是充裕道德的方法。《困》卦象徵遭困守操，是檢驗道德的準繩。《井》卦象徵井養不窮，是居守道德的處所。《巽》卦象徵因順申命，是展示道德的規範。《履》卦，教人柔和小心而行走到目的地。《謙》卦，教人要謙虛才能被尊崇而光大其德。《復》卦，教人針對微小的徵兆而辨析事物的善惡及早回復正道。《恆》卦，教人在正邪相雜的環境中恆久守德而不厭倦。《損》卦，教人先從事艱難的自損而後必能輕易地獲益。《益》卦，教人施益於人，長久充裕己德而不虛設其益。《困》卦，教人在困窮時守正而求得亨通。《井》卦，教人居得安適的處所而能廣為遷施惠澤。《巽》卦，教人順勢發佈號令而不自我顯露。《履》卦的道理可以用來柔和小心地行走。《謙》卦的道理可以用於控制禮節。《復》卦的道理可以用於自我省知得失。《恆》卦的道理可以用於始終不移地純一守德。《損》卦的道理可以用於自損不善而遠離禍害。《益》卦的道理可以用於益人益己而廣興福利。《困》卦的道理可以用於遭困守操而減少怨恨。《井》卦的道理可以用於廣養萬物而辨明道義。《巽》卦的道理可以用於順勢利導而行使權力。

【原文】

《易》之為書也，不可遠。為道也屢遷，變動不居，周流六虛。上下无常，剛柔相易，不可為典要，唯變所適。其出入以度，外內使知懼。又明於憂患與故，无有師保，如臨父母。初率其辭①，而揆其方，既有典常。苟非其人，道不虛行②。

【注釋】

①率：猶「循」。
②虛行：謂「虛空而行」。

【譯文】

《周易》這部書，對於人生處世不可須臾遠離。它所體現的道理屢屢推遷旁通，變化運行而不居止，周遍流動於各卦六爻之間。上下往來沒有定準，陽剛陰柔相互更易，不可執求於通常的典式綱要，只有變化才是它趨赴的方向。《易》理可以啟迪人於出入行藏之際多加考慮而遵從法度，使人處內外隱顯之時知曉惕懼得失。又可以使人深明於預防憂患與察鑒往事，雖然沒有師保的護持，卻好像面臨父母的教誨。處事之初若能遵循《周易》卦爻辭的意旨，揆度行動的法則，就掌握了適應事物變化的經常可行的規律。假如沒有賢明的人精研傳揚，《周易》的道理就難以憑空推行。

【原文】

《易》之為書也，原始要終以為質也。六爻相雜，唯其時物也。其初難知，其上易知，本末也。初辭擬之，卒成之終。若夫雜物撰德，辯是與非①，則非其中爻不備。噫！亦要存亡吉凶，則居可知矣。知者觀其象辭②，則思過半矣。二與四同功而異位，其善不同。二多譽，四多懼，近也。柔之為道，不利遠者。其要无咎，其用柔中也。三與五同功而異位。三多凶，五多功，貴賤之等也。其柔危，其

剛勝邪！

【注釋】

①辯：通「辨」。

②知：同「智」。彖辭：謂卦辭。

【譯文】

　　《周易》這部書，以推原事物的初始而歸納事物的結局形成卦體大義。各卦六爻相互錯雜，在於反映特定的時宜和陰陽物象。六爻之中初爻的意義較難理解，上爻的意義容易明白，因為前者是本始而後者是末端。初爻的爻辭擬議事物產生的苗頭，到了上爻事物發展完結而卦義最終形成。至於錯雜各種物象而撰述陰陽德性，辨識事物發展過程的是非得失，要是撇開中間四爻那就無法全面理解。是啊！明白了中間四爻的意義也就大體把握了存亡吉凶的規律，即使平居無為也能知曉事理。明智的人只要觀察分析卦辭，就可以把全卦大義多半領悟了。第二爻和第四爻同具陰柔的功能而分居上下卦不同之位，兩者象徵的善惡得失也不相同。第二爻處下卦而居中所以多獲美譽，第四爻處上卦而居下所以多含惕懼，這是因為逼近君位的緣故。陰柔的道理，不利於有遠大抱負。其要旨在於慎求無咎，其效用在於柔和守中。第三爻和第五爻同具陽剛的功能而分居上下卦不同之位。第三爻處下卦的極位所以多有凶危，第五爻處上卦的尊位而居中所以多見功勳，這是尊卑貴賤的等差所致。大略言之，柔爻處三與五位就有危患，剛爻處之就能勝任吧！

【原文】

　　《易》之為書也，廣大悉備。有天道焉，有人道焉，有地道焉。兼三才而兩之①，故六。六者非它也，三才之道也。道有變動，故曰爻。爻有等，故曰物。物相雜，故曰文②。文不當，故吉凶生焉。

【注釋】

①兩：指八卦兩兩相重疊。

②文：謂陰陽剛柔相錯雜而形成的文理。

【譯文】

《周易》這部書，道理廣大周備。含有天的道理，人的道理，地的道理。兼合三畫的八卦中天地人「三才」的象徵而各卦兩兩相重疊，就出現了六畫的卦。六畫，沒有別的含義，正是象徵天地人「三才」的道理。《周易》之道在於變化運動，仿效事物變動情狀的就稱作六爻。六爻各有上下等次，就稱作物象。陰陽物象相交互錯雜，就稱作文理。文理有的適當而有的不適當，所以吉凶就產生了。

【原文】

《易》之興也，其當殷之末世，周之盛德邪？當文王與紂之事邪？是故其辭危①。危者使平，易者使傾。其道甚大，百物不廢。懼以終始，其要无咎，此之謂《易》之道也。

【注釋】

①危：謂危懼警戒。

【譯文】

《周易》的興起，大概是在殷朝末年，岐周德業正隆盛的時候吧？大概在周文王臣事殷紂王期間吧？因此卦爻辭多含警戒危懼的意義。懂得危懼可以使人平安順暢，掉以輕心必將導致傾覆敗亂。其中的道理至為宏大，各種事物賴以永恆地發展而不廢絕。自始至終保持惕懼，其根本宗旨歸於慎求無咎，這就是《周易》的道理吧。

【原文】

　　夫乾，天下之至健也，德行恆易以知險。夫坤，天下之至順也，德行恆簡以知阻。能說諸心，能研諸侯之慮[1]，定天下之吉凶，成天下之亹亹者。是故變化云為，吉事有祥。象事知器，占事知來。天地設位，聖人成能。人謀鬼謀，百姓與能。八卦以象告，爻象以情言。剛柔雜居，而吉凶可見矣。變動以利言，吉凶以情遷。是故愛惡相攻而吉凶生，遠近相取而悔吝生，情偽相感而利害生。凡《易》之情，近而不相得則凶。或害之，悔且吝。將叛者其辭慚，中心疑者其辭枝，吉人之辭寡，躁人之辭多，誣善之人其辭游，失其守者其辭屈。

【注釋】

　　[1]侯之：司馬光《溫公易說》據王弼《周易略例》引語，謂「侯之」二字為衍文。似當從之。

【譯文】

　　乾卦，是天下最為剛健氣質的象徵，表露的德性行為是恆久平易而能知曉艱險所在。坤卦，是天下最為柔順氣質的象徵，表露的德性行為是恆久簡約而能知曉困阻所在。平易簡約就能夠使人心情暢悅，知險知阻就能夠令人研磨思慮，並能判定天下萬事吉凶得失，促成天下萬物勤勉奮發。因此遵循《周易》的變化規律而有所作為，是為了使吉祥的事物得以呈現。乃至觀察卦象就能明白器物的創制原委，占問事理就能推知將來的應驗。天地設立了剛柔尊卑的位置，聖人依此撰成《周易》廣施其用。於是人的謀慮溝通了鬼神的謀慮，連尋常百姓也能掌握《周易》的功用。八卦用卦形象徵來展示哲理，卦爻辭模擬事物的情態來陳述卦義。六爻陰陽剛柔交錯居位，吉凶的道理就可以顯現出來。各爻變化運動得當與否是用「利」或「不利」來表達，變化結局的「吉」與「凶」是依據擬喻的事物情態而推移。所以事物或相愛相求或相惡相敵而「吉」和「凶」就在矛盾交錯中產生，事物

或遠者相應或近者相比而「悔」和「吝」就在取捨失當時產生，事物或真心相感或虛情相詐而「利」和「害」就在不同的交感中產生。凡是《周易》各爻所擬喻的事物情態，兩相比近卻互不相得必有凶險。有的遭受外來傷害，也難免悔恨和憾惜。（《周易》喻示的物情與世人一樣千姿百態，恰如）將要反叛的人其言辭必然慚愧不安，內心疑惑的人其言辭必然散亂無章，賢美吉善的人其言辭必然寡少精粹，焦躁競進的人其言辭必然繁多冗雜，誣陷善良的人其言辭必然虛漫浮游，疏失職守的人其言辭必然虧屈不展。

【綜論】

《繫辭下傳》十二章，始於「八卦」、「吉凶」要義的分析，終於「象理」、「辭情」特徵的概括。合上下篇而論，《繫辭傳》的基本價值大略有兩方面：第一，對《周易》的諸多內容作了較為全面、可取的辨析、闡發，有助於後人理解八卦、六十四卦及卦爻辭的大義；第二，在闡釋《易》理的同時，作者廣泛表達了自己的哲學思想，尤其是披露了較深刻的哲理思辨的色彩。當然，儘管作者在解《易》過程中闡發了各方面的哲學見解，但其主旨又無不歸趨於《易》理範疇。換言之，從創作宗旨這一角度認識，《繫辭傳》旨在發《易》義之深微，示讀《易》之範例。宋·朱熹指出：「熟讀六十四卦，則覺得《繫辭》之語甚為精密，是《易》之括例。」（《周易折中》引《朱子語類》）此說盡賅《繫辭傳》作為「經」之「翼」的根本功用。

∽ 説卦傳 ∾

【題解】

　　此傳共十一章。「說卦」二字的意思，孔穎達《周易正義》認為是：「陳說八卦之德業變化，及法象所為也。」文中內容除了開首追述《周易》創作與應用的淵源之外，主要是辨析八卦的基本象徵意義和取象的範圍。

【原文】

　　昔者聖人之作《易》也，幽贊于神明而生蓍。參①天兩地而倚數，觀變于陰陽而立卦，發揮于剛柔而生爻，和順于道德而理于義，窮理盡性以至于命。

【注釋】

　　①參：通「三」。

【譯文】

　　從前聖人創作《周易》的時候，深深地贊祝神奇光明的造化而自然界就生出供作揲筮的蓍草。於是採用「三」與「兩」之類的天地數而建立陰陽奇偶的數位象徵來配合蓍占，並且觀察陰陽數的變化規律而演算成卦，發動揮散卦中剛柔兩畫而產生各爻的變遷，然後和協順成其道德而運用合宜的方法治理天下，遂能窮極奧理而盡究物性以至於通曉自然命數。

【原文】

昔者聖人之作《易》也，將以順性命之理。是以立天之道曰陰與陽，立地之道曰柔與剛，立人之道曰仁與義。兼三才而兩之，故易六畫而成卦。分陰分陽，迭用柔剛，故《易》六位而成章①。

【注釋】

①章：章理，由剛柔交錯而成。

【譯文】

從前聖人創作《周易》的時候，是用它來順合展示萬物的性質和自然命數的變化規律。所以確立天的道理有陰和陽兩方面，確立地的道理有柔和剛兩方面，確立人的道理有仁和義兩方面。兼合三畫的八卦符號中天地人三才的象徵而每兩卦相重，所以《周易》六十四卦的體式必須具備六畫才形成一卦。六畫又分陰位陽位，交疊運用剛爻柔爻來布居，所以《周易》的卦體具備了六位才蔚然成章。

【原文】

天地定位，山澤通氣，雷風相薄，水火不相射①。八卦相錯。數往者順，知來者逆，是故《易》逆數也。

【注釋】

①射（一、）：厭也。按馬王堆漢墓《帛書周易》此句作「水火相射」，無「不」字。又「雷風相薄」作「雷風相搏」，並置於「水火相射」之後。此皆可資參考。

【譯文】

天地設定上下配合的位置，山澤一高一低交流溝通氣息，雷風各自興動交相潛入應和，水火異性不相厭棄而相資助。八卦就是這樣對

立而又統一地互相錯雜。掌握了《易》理則欲明白過去的事理可以順著推求，欲知曉將來的事理可以逆著推求，而將來的事理隱奧宏深，所以《周易》的主要功用是逆推來事。

【原文】

雷以動之，風以散之。雨以潤之，日以烜之[1]。艮以止之，兌以說之。乾以君之，坤以藏之。

【注釋】

①烜（ㄒㄩㄢˇ）：又作「亞」，謂曬乾。

【譯文】

雷用來振奮鼓動萬物，風用來散佈流通萬物。雨用來滋潤萬物，太陽用來曬乾萬物。艮為山用來抑止萬物，兌為澤用來欣悅萬物。乾為天用來君臨萬物，坤為地用來儲藏萬物。

【原文】

帝出乎震[1]，齊乎巽，相見乎離，致役乎坤，說言乎兌[2]，戰[3]乎乾，勞乎坎，成言乎艮。萬物出乎震。震，東方也。齊乎巽。巽，東南也。齊也者，言萬物之絜齊也。離也者，明也，萬物皆相見，南方之卦也。聖人南面而聽天下，向明而治，蓋取諸此也。坤也者，地也，萬物皆致養焉，故曰致役乎坤。兌，正秋也，萬物之所說也，故曰說言乎兌。戰乎乾，乾西北之卦也，言陰陽相薄也。坎者，水也，正北方之卦也，勞卦也，萬物之所歸也，故曰勞乎坎。艮，東北之卦也，萬物之所成終而所成始也，故曰成言乎艮。

【注釋】

①帝：原為草木逢春而萌蒂振萼之象形，即「蒂」之本字。含事物生機初萌之義。

②說：通「悅」。

③戰：連接，結合。

【譯文】

　　主宰大自然生機的元氣使萬物出生於（象徵東方和春分的）震，生長整齊於（象徵東南和立夏的）巽，紛相顯現於（象徵南方和夏至的）離，致力用事於（象徵西南和立秋的）坤，成熟欣悅於（象徵西方和秋分的）兌，交配結合於（象徵西北和立冬的）乾，勤劬勞倦於（象徵北方和冬至的）坎，最後成功而又重新萌生於（象徵東北和立春的）艮。萬物出生於震，因為震卦是象徵萬物由以萌生的東方。生長整齊於巽，因為巽卦是象徵萬物和順生長的東南方。生長整齊，正表明萬物的成長狀況整潔一致。離卦，是光明的象徵，萬物都旺盛而紛相顯現，這是代表南方的卦。聖人坐北朝南而聽政於天下，面向光明而治理事務，大概是接受了此卦象徵的啟迪吧。坤卦，是地的象徵，萬物都致力養育於大地，所以說致力用事於坤。兌卦，象徵正秋時節，萬物成熟欣悅於此，所以說成熟欣悅於兌。交配結合於乾，乾卦是象徵西北陰方的卦，表明陰陽於此交相潛入應和。坎卦，是水的象徵，是代表正北方的卦，又是喻示勤劬勞倦的卦，萬物勞倦必當歸藏休息，所以說勤劬勞倦於坎。艮卦是象徵東北（終而復始之位）的卦，萬物於此成就其終而重發其始，所以說最後成功而又重新萌生於艮。

【原文】

　　神也者，妙萬物而為言者也。動萬物者莫疾乎雷，橈萬物者莫疾乎風[1]，燥萬物者莫熯乎火[2]，說萬物者莫說乎澤[3]，潤萬物者莫潤乎水，終萬物始萬物者莫盛乎艮。故水火相逮，雷風不相悖，山澤通氣，然後能變化既成萬物也。

【注釋】

　　①橈：通「撓」，此處猶言「吹拂」。

　　②熯（ㄏㄢˋ）：同「暵」，謂燥熱、炎熱。

　　③說：通「悅」（句中兩「說」字皆同）。

【譯文】

　　「神」的蘊意，在於表明其能夠奇妙地化育萬物。鼓動萬物的沒有比雷更迅猛，吹拂萬物的沒有比風更疾速，烘燥萬物的沒有比火更炎熱，欣悅萬物的沒有比澤更和悅，滋潤萬物的沒有比水更濕潤，最終成就萬物又重新萌生萬物的沒有比（象徵山的）艮更美盛。所以水火異性而相互濟及，雷風異動而不相違逆，山澤異地而流通氣息，然後自然界在紛繁複雜的運動變化中形成了萬物。

【原文】

　　乾，健也。坤，順也。震，動也。巽，入也。坎，陷也。離，麗也①。艮，止也。兌，說也②。

【注釋】

　　①麗：謂「附著」。

　　②說：通「悅」。

【譯文】

　　乾，表示強健。坤，表示溫順。震，表示奮動。巽，表示潛入。坎，表示險陷。離，表示附著。艮，表示靜止。兌，表示欣悅。

【原文】

　　乾為馬。坤為牛。震為龍。巽為雞。坎為豕。離為雉①。艮為狗。兌為羊。

【注釋】

①雉（ㄓ、）：山雞或野雞之名。

【譯文】

乾為馬象。坤為牛象。震為龍象。巽為雞象。坎為豬象。離為雉象。艮為狗象。兌為羊象。

【原文】

乾為首。坤為腹。震為足。巽為股①。坎為耳。離為目。艮為手。兌為口。

【注釋】

①股：謂「腿股」。

【譯文】

乾為頭象。坤為腹象。震為足象。巽為大腿象。坎為耳象。離為目象。艮為手象。兌為口象。

【原文】

乾，天也，故稱乎父。坤，地也，故稱乎母。震一索而得男①，故謂之長男。巽一索而得女，故謂之長女。坎再索而得男，故謂之中男。離再索而得女，故謂之中女。艮三索而得男，故謂之少男。兌三索而得女，故謂之少女。

【注釋】

①索：求也。此指陰陽求合。

【譯文】

乾，是天的象徵，所以稱作父。坤，是地的象徵，所以稱作母。（父母陰陽相求）震作為乾初次求合所得的男性，所以稱作長男。巽作為坤初次求合所得的女性，所以稱為長女。坎作為乾再次求合所得的男性，所以稱為中男。離作為坤再次求合所得的女性，所以稱為中女。艮作為乾第三次求合所得的男性，所以稱為少男。兌作為坤第三次求合所得的女性，所以稱為少女。

【原文】

乾為天。為圓。為君。為父。為玉。為金。為寒。為冰。為大赤。為良馬。為瘠馬。為駁馬。為木果。

坤為地。為母。為布。為釜。為吝嗇。為均。為子母牛。為大輿。為文。為眾。為柄。其於地也為黑。

震為雷。為龍。為玄黃。為旉①。為大塗。為長子。為決躁。為蒼筤竹②。為萑葦。其於馬也為善鳴。為馵足③。為作足。為的顙④。其於稼也為反生。其究為健。為蕃鮮。

巽為木。為風。為長女。為繩直。為工。為白。為長。為高。為進退。為不果。為臭⑤。其於人也為寡髮。為廣顙。為多白眼。為近利市三倍。其究為躁卦。

坎為水。為溝瀆。為隱伏。為矯輮。為弓輪。其於人也為加憂。為心病。為耳痛。為血卦。為赤。其於馬也為美脊。為亟心。為下首。為薄蹄。為曳。其於輿也為多眚。為通。為月。為盜。其於木也為堅多心⑥。

離為火。為日。為電。為中女。為甲冑。為戈兵。其於人也為大腹。為乾卦。為鱉。為蟹。為蠃⑦。為蚌。為龜。其於木也為科上槁。

艮為山。為徑路。為小石。為門闕。為果蓏⑧。為閽寺⑨。為指。為狗。為鼠。為黔喙之屬。其於木也為堅多節。

兌為澤。為少女。為巫。為口舌。為毀折。為附決。其於地也為剛鹵。為妾。為羊。

【注釋】

①蕚（ㄈㄨ）：花朵。

②蒼筤（ㄘㄤ ㄌㄤˊ）：青色。特指未黃熟的竹子。

③馵（ㄓㄨˋ）：《說文》：「馬後左足白也。」

④的顙：白額之馬。

⑤臭（ㄒㄧㄡˋ）：氣味。

⑥心：此處指樹木之堅刺。

⑦臝（ㄌㄨㄛˊ）：通「螺」。

⑧蓏（ㄌㄨㄛˇ）：瓜類植物的果實。在木曰果，在地曰蓏。

⑨閽（ㄏㄨㄣ）：閽人，即守宮門者。　寺：寺人，古代執守宮中的小臣，猶後世的宦官。

【譯文】

乾為天象。為圓環象。為君主象。為父象。為玉象。為金象。為寒象。為冰象。為大紅顏色象。為良馬象。為瘦馬象。為長有鋸牙的駁馬象。為樹木果實象。

坤為地象。為母象。為錢幣流布之象。為鍋釜象。為吝嗇象。為平均象。為育子牛的母牛象。為大車象。為文彩章理象。為眾多象。為柯柄象。對於地來說為黑色土壤之象。

震為雷象。為龍象。為青黃顏色交雜之象。為花朵象。為寬闊大路象。為長子象。為剛決躁動象。為青嫩幼竹象。為萑葦象。對於馬來說為擅長鳴嘯的馬象。為左後足長有白毛的馬象。為前兩足騰舉的馬象。為額首斑白的馬象。對於禾稼來說為頂著種子胚殼萌生之象。此卦發展至極則化為剛健之象。為草木繁育鮮明之象。巽為樹木象。為風象。為長女象。為筆直的準繩象。為工巧象。為白色象。為細長象。為高象。為抉擇進退之象。為遲疑不決之象。為氣味象。對於人

來說為頭髮稀少象。為額首寬廣象。為眼白偏多者之象。為親好於利而交易必獲三倍利益者之象。此卦發展至極則化為急躁卦之象。

坎為水象。為溝渠水流象。為隱伏象。為矯揉屈曲象。為彎弓轉輪象。對於人來說為頻生憂慮象。為常患心病象。為耳內疾痛象。為鮮血卦。為紅色象。對於馬來說為脊背美麗的馬象。為內心焦急的馬象。為頭部下垂的馬象。為腳蹄頻頻踢地的馬象。為艱難地拖曳著行走的馬象。對於車輛來說為行駛多災的車象。為貫通象。為月亮象。為盜賊象。對於樹木來說為堅硬多生小刺象。

離為火象。為太陽象。為閃電象。為中女象。為護身甲冑象。為戈矛兵器象。對於人來說為婦女大腹懷孕象。為乾（干）燥卦之象。為鱉象。為蟹象。為螺象。為蚌象。為龜象。對於樹木來說為柯杆中空而上部枯槁之象。

艮為山象。為斜徑小路象。為小石象。為門闕象。為果瓜象。為閽人寺人象。為手指象。為狗象。為鼠象。為黑喙剛猛的禽鳥象。對於樹木來說為堅硬而多生節之象。

兌為澤象。為少女象。為巫師象。為口舌象。為毀滅摧折象。為附從於決斷之象。對於地來說為土壤堅硬不生草木之象。為妾象。為羊象。

【綜論】

《說卦傳》十一章，先追溯《周易》的創作者用「蓍」衍卦的歷史；再申言八卦的兩種方位；然後集中說明八卦的取象特點，強調八種基本物象及象徵意義，並廣引眾多象例，是今天探討《易》象的產生及推展的重要資料。此傳值得人們繼續研究的內容約有兩方面：一是「先天」、「後天」八卦方位的本來面目和它們在歷史上產生的各方面影響；二是早期《易》象制立的背景、推衍的規律及其在解《易》、用《易》中的重要功用。這兩方面的研究，均當立足於對《周易》「以象為本」的特色的科學辨析，庶可利於揭示此書特殊的象徵哲學體系。

❧ 序卦傳 ❧

【題解】

此傳分析《周易》六十四卦的編排次序，並揭示諸卦前後相承的意義。

【原文】

有天地然後萬物生焉。盈天地之間者唯萬物，故受之以《屯》[1]。屯者，盈也。屯者，物之始生也。物生必蒙，故受之以《蒙》。蒙者，蒙也，物之稚也。物稚不可不養也，故受之以《需》。需者，飲食之道也。飲食必有訟，故受之以《訟》。訟必有眾起，故受之以《師》。師者，眾也。眾必有所比，故受之以《比》。比者，比也。比必有所畜，故受之以《小畜》。物畜然後有禮，故受之以《履》。履而泰，然後安，故受之以《泰》。泰者，通也。物不可以終通，故受之以《否》。物不可以終否，故受之以《同人》。與人同者物必歸焉，故受之以《大有》。有大者不可以盈，故受之以《謙》。有大而能謙必豫，故受之以《豫》。豫必有隨，故受之以《隨》。以喜隨人者必有事，故受之以《蠱》。蠱者，事也。有事而後可大，故受之以《臨》。臨者，大也。物大然後可觀，故受之以《觀》。可觀而後有所合，故受之以《噬嗑》。嗑者，合也。物不可以苟合而已，故受之以《賁》。賁者，飾也。致飾然後亨則盡矣，故受之以《剝》。剝者，剝也。物不可以終盡，剝窮上反下，故受之以《復》。復則不妄矣，故受之以《无妄》。有无妄然後可畜，故受之以《大畜》。物畜然後可養，故受之以《頤》。頤者，養也。不養則不可動，故受之以《大過》。物不可以終過，故受之以《坎》。坎者，陷也。陷必有所麗，故受之以《離》。離者，麗也。

有天地然後有萬物，有萬物然後有男女，有男女然後有夫婦，有夫婦然後有父子，有父子然後有君臣，有君臣然後有上下，有上下然後禮義有所錯[2]。夫婦之道，不可以不久也，故受之以《恆》。恆

者，久也。物不可以久居其所，故受之以《遯》。遯者退也。物不可以終遯，故受之以《大壯》。物不可以終壯，故受之以《晉》。晉者，進也。進必有所傷，故受之以《明夷》。夷者，傷也。傷於外者必反其家，故受之以《家人》。家道窮必乖，故受之以《睽》。睽者，乖也。乖必有難，故受之以《蹇》。蹇者，難也。物不可以終難，故受之以《解》。解者，緩也。緩必有所失，故受之以《損》。損而不已必益，故受之以《益》。益而不已必決，故受之以《夬》。夬者，決也。決必有所遇，故受之以《姤》。姤者，遇也。物相遇而後聚，故受之以《萃》。萃者，聚也。聚而上者謂之升，故受之以《升》。升而不已必困，故受之以《困》。困乎上者必反下，故受之以《井》。井道不可不革，故受之以《革》。革物者莫若鼎，故受之以《鼎》。主器者莫若長子，故受之以《震》。震者，動也。物不可以終動，止之，故受之以《艮》。艮者，止也。物不可以終止，故受之以《漸》。漸者，進也。進必有所歸，故受之以《歸妹》。得其所歸者必大，故受之以《豐》。豐者，大也。窮大者必失其居，故受之以《旅》。旅而无所容，故受之以《巽》。巽者，入也。入而後說之[3]，故受之以《兌》。兌者，說也。說而後散之，故受之以《渙》。渙者，離也。物不可以終離，故受之以《節》。節而信之，故受之以《中孚》。有其信者必行之，故受之以《小過》。有過物者必濟，故受之以《既濟》。物不可窮也，故受之以《未濟》終焉。

【注釋】

①受：繼也。

②錯：通「措」。

③說：通「悅」。

【譯文】

有了天地然後萬物才開始產生。最初充盈於天地之間的只有萬物（初生之際的氤氳氣息），所以（《周易》先有象徵天地的《乾》、

《坤》兩卦，）接著是象徵事物「初生」的《屯》卦。屯表示陰陽初交時的孕育之氣充塞滿盈，屯的意思又指事物開始萌生。事物初生必然蒙昧無知，所以接著是象徵「蒙稚」的《蒙》卦。蒙表示蒙昧，就是物體幼稚的意思。物既幼稚不可不加以養育，所以接著是象徵「需待」的《需》卦。需含有需待飲食的道理。面臨飲食問題必然有所爭訟，所以接著是象徵「爭訟」的《訟》卦。爭訟必然導致眾多力量的興起，所以接著是象徵「兵眾」的《師》卦。師是兵士眾多的意思。物既眾多必然有所比輔，所以接著是象徵「親密比輔」的《比》卦。比是比輔的意思。相互比輔必然有所畜聚，所以接著是象徵「小有畜聚」的《小畜》卦。物既相畜聚然後就必須用禮節規範行為，所以接著是象徵循禮「小心行走」的《履》卦。循禮小心行走而導致通泰，然後萬事均安，所以接著是象徵「通泰」的《泰》卦。泰就是安泰亨通的意思。事物不可能終久通泰，所以接著是象徵「否閉」的《否》卦。事物不可能終久否閉，所以接著是象徵「和同於人」的《同人》卦。與人和同，外物必然紛紛歸附，所以接著是象徵「大獲所有」的《大有》卦。大獲所有的人不應當盈滿自傲，所以接著是象徵「謙虛」的《謙》卦。所獲既大又能謙虛的人必然愉樂，所以接著是象徵「愉樂」的《豫》卦。與人共相愉樂必然有人隨從，所以接著是象徵「隨從」的《隨》卦。以喜悅之心隨從於人必然要有所用事，所以接著是象徵「拯弊治亂」的《蠱》卦。蠱含有治理事務的意思。能夠拯治事務而後功業可以盛大，所以接著是象徵「監臨」於眾人的《臨》卦。臨含有功業盛大而居高治下的意思。物既尊高盛大然後可以受人觀仰，所以接著是象徵「觀仰」的《觀》卦。既可受人觀仰而後上下有所溝通融合，所以接著是象徵「嚙合」的《噬嗑》卦。嗑是相合的意思。物不可草率交合，所以接著是象徵「文飾」的《賁》卦。賁是文飾的意思。過分致力於文飾然後亨通的路途就窮盡了，所以接著是象徵「剝落」的《剝》卦。剝是浸蝕剝落的意思。事物不可能終久窮盡，剝落窮極於上就導致回復於下，所以接著是象徵「回復」的《復》卦。能回復正道就不至於胡作妄為，所以接著是象徵「不妄

為」的《无妄》卦。能夠不妄為然後可以畜聚外物，所以接著是象徵「大為畜聚」的《大畜》卦。物既畜聚至多然後可以施用於頤養，所以接著是象徵「頤養」的《頤》卦。頤是頤養的意思。沒有充裕有餘的頤養就不可能振作興動，所以接著是象徵「大為過甚」的《大過》卦。事物不能終久過甚，過極必險，所以接著是象徵「重重險陷」的《坎》卦。坎是險陷的意思。遭罹險陷必然要有所附著才能獲援脫險，所以接著是象徵「附著」的《離》卦。離是附著的意思。

有了天地然後才有萬物，有了萬物然後才有男女，有了男女然後才能配成夫婦，有了夫婦以繁衍後代然後才產生父子，有了父子然後人類發展漸多而須加治理才出現了君臣，有了君臣然後才形成上下尊卑的名分，有了上下尊卑的名分然後禮義才有所安置。於是（象徵「交感」的《咸》卦所揭示的）夫婦道理不能不恆久永存，所以（《咸》卦之後）接著是象徵「恆久」的《恆》卦。恆是恆久的意思。物不可能長久安居於一個處所，所以接著是象徵「退避」的《遯》卦。遯是退避遠去的意思。凡物不可能終久退避（必將重新振興盛大），所以接著是象徵「大為強盛」的《大壯》卦。物不可能終久安守壯盛而無所進取，所以接著是象徵「晉長」的《晉》卦。晉是進長的意思。往前進長必然會有所損傷，所以接著是象徵「光明殞傷」的《明夷》卦。夷是損傷的意思。在外遭受損傷的人必然要返回家中以求家人的慰藉，所以接著是象徵「一家人」的《家人》卦。家道失於節制必致困窮而產生種種乖睽事端，所以接著是象徵「乖背睽違」的《睽》卦。睽是乖睽的意思。物既乖睽必然導致蹇難，所以接著是象徵「蹇難」的《蹇》卦。蹇是蹇難的意思。物不可能終久蹇難，所以接著是象徵「舒解」的《解》卦。解是舒展緩解的意思。過於舒緩必然有所損失，所以接著是象徵「減損」的《損》卦。不停地自我減損以施益他人必然也受人增益，所以接著是象徵「增益」的《益》卦。增益不止必致盈滿流潰而被斷然去除，所以接著是象徵「決斷」的《夬》卦。夬是堅決果斷以清除邪惡的意思。去除邪惡必然會有喜遇，所以接著是象徵「相遇」的《姤》卦。姤是相遇的意

思。物相遇合而後會聚，所以接著是象徵「會聚」的《萃》卦。萃是會聚的意思。會聚而能上進者便稱之為升遷，所以接著是象徵「上升」的《升》卦。上升不止必然導致困窮，所以接著是象徵「困窮」的《困》卦。困窮於上的必然要返歸於下以求安居，所以接著是象徵「水井」的《井》卦。水井的發展規律是歷久必穢而不能不適時加以變革整治，所以接著是象徵「變革」的《革》卦。變革事物沒有比鼎器化生為熟更顯著的，所以接著是象徵「鼎器」的《鼎》卦。主持鼎器以掌握權力的人沒有比長子更有威望的，所以接著是象徵權威「雷動」的《震》卦。震有長子之象，又是雷震奮動的意思。事物不能終久處於奮動狀態，應當適當抑止，所以接著是象徵「抑止」的《艮》卦。艮是靜止的意思。事物不能終久靜止而必將逐漸前進，所以接著是象徵「漸進」的《漸》卦。漸是漸進的意思。漸進必將有所依歸，所以接著是象徵「嫁出少女」以獲歸宿的《歸妹》卦。物既獲得依歸必然趨向豐大，所以接著是象徵「豐大」的《豐》卦。豐是豐大的意思。窮極豐大的人必將喪失安居的處所，所以接著是象徵「行旅」的《旅》卦。行旅而無處容身務必順從於人才能進入客居之所，所以接著是象徵「順從」的《巽》卦。巽含有順從則能入的意思。進入適宜的處所而後心中欣悅，所以接著是象徵「欣悅」的《兌》卦。兌是欣悅的意思。心中欣悅然後能推散其所悅，所以接著是象徵「渙散」的《渙》卦。渙是渙發離散的意思。事物不能終久無節制地渙發離散，所以接著是象徵「節制」的《節》卦。有所節制就應當用誠信來守持，所以接著是象徵「中心誠信」的《中孚》卦。堅守誠信的人必然要過為果決地履行職責，所以接著是象徵「小有過越」的《小過》卦。美善的行為有所過越者辦事必能成功，所以接著是象徵「事已成」的《既濟》卦。事物的發展不可能窮盡，成功之後又將帶來新的未成功的因素，所以接著是象徵「事未成」的《未濟》卦以作為《周易》六十四卦的終結。

【綜論】

　　《序卦傳》分為兩段：前段敘上經三十卦次序，後段敘下經三十四卦次序。此篇創作宗旨及命名之義，唐‧孔穎達認為：「六十四卦分上下二篇，其先後之次，其理不見，故孔子就上下二經，各序其相次之義，故謂之《序卦》焉。」（《周易正義》）文中以簡約的語言概括諸卦名義，有與卦義切合者，有僅取其一端為說者，目的均在揭明卦與卦之間的有機聯繫，而不在於闡析各卦的完整寓意。在分析卦序的同時，此傳還集中揭示事物「相因」、「相反」的兩種發展規律。其間釋義儘管簡約，但卦次編排的原理，作者精微的哲學觀點，均得到明顯的反映。可以說，《序卦傳》是一篇頗具哲理深度的六十四卦推衍綱要。

❧ 雜卦傳 ❧

【題解】

　　此傳取名「雜」的意旨，韓康伯雲：「雜揉眾卦，錯綜其義。」（《周易注》）可見，本篇是打散《序卦傳》所揭明的卦序，把六十四卦分為三十二組兩兩對舉，以精要的語言說明卦義。

【原文】

　　《乾》剛《坤》柔。《比》樂《師》憂。《臨》《觀》之義，或與或求。《屯》見而不失其居，《蒙》雜而著。《震》起也，《艮》止也。《損》、《益》，盛衰之始也。《大畜》時也，《无妄》災也。《萃》聚而《升》不來也。《謙》輕而《豫》怠也。《噬嗑》食也，《賁》无色也。《兌》見而《巽》伏也。《隨》无故也[1]，《蠱》則飭也[2]。《剝》爛也[3]，《復》反也[4]。《晉》晝也，《明

夷》誅也。《井》通而《困》相遇也⑤。《咸》速也，《恆》久也。《渙》離也，《節》止也。《解》緩也，《蹇》難也。《睽》外也，《家人》內也。《否》、《泰》反其類也。《大壯》則止，《遯》則退也。《大有》眾也，《同人》親也。《革》去故也，《鼎》取新也。《小過》過也，《中孚》信也。《豐》多故也，親寡《旅》也⑥。《離》上而《坎》下也。《小畜》寡也，《履》不處也⑦。《需》不進也，《訟》不親也。《大過》顛也⑧，《姤》遇也，柔遇剛也。《漸》女歸待男行也。《頤》養正也，《既濟》定也。《歸妹》女之終也，《未濟》男之窮也。《夬》，決也，剛決柔也。君子道長，小人道憂也。

【注釋】

①故：故舊。此處指成見。

②飭：整治也。

③爛：謂爛熟。

④反：通「返」。

⑤遇：抵擋。此處為相抵而不通之義。

⑥親寡《旅》：江有誥《江氏音學十書》謂此三字當作「《旅》親寡」，與下文協韻。可備參考。

⑦不處：不敢安處。

⑧顛：顛倒。

【譯文】

　　《乾》卦陽剛，《坤》卦陰柔。《比》卦歡樂，《師》卦煩憂。《臨》、《觀》兩卦的意義，或施予或營求。《屯》卦生機萌現而不失所居，《蒙》卦交錯於明暗而童真昭著。《震》卦奮動振起，《艮》卦穩靜安止。《損》、《益》兩卦，是盛衰互轉的開始。《大畜》卦適時畜聚，《无妄》卦謹防飛災。《萃》卦會聚共相處，而《升》卦上升不返來。《謙》卦輕己必重人，而《豫》卦縱樂必懈

怠。《噬嗑》卦嚙合如口進食，《賁》卦美飾不需色彩。《兌》卦欣悅外現，而《巽》卦順從內伏。《隨》卦毫無成見，《蠱》卦用心治亂。《剝》卦剝落熟爛，《復》卦歸本重返。《晉》卦如白天太陽進長，《明夷》卦似暮夜光明殞傷。《井》卦滋養廣通，而《困》卦前途被擋。《咸》卦感應神速，《恆》卦恆心永久。《渙》卦離披渙散，《節》卦制約不流。《解》卦鬆懈舒緩，《蹇》卦坎坷艱難。《睽》卦乖違於外，《家人》卦和睦於內。《否》、《泰》兩卦，是相反的事類。《大壯》卦強盛知止，《遯》卦時窮退避。《大有》卦所獲眾多，《同人》卦與人親近。《革》卦革除弊舊，《鼎》卦推陳取新。《小過》卦小有過越，《中孚》卦中心誠信。《豐》卦豐大則多事，親朋寡少是《旅》卦。《離》卦火焰炎上，而《坎》卦水勢流下。《小畜》卦畜聚甚少，《履》卦循禮慎行不敢安處。《需》卦耐心需待不躁進，《訟》卦爭訟紛起不相親。《大過》卦顛倒常理，《姤》卦不期而遇，陰柔遇合陽剛。《漸》卦如女子出嫁宜待男子禮備而成雙。《頤》卦養身持正，《既濟》卦事成安定。《歸妹》卦女子得歸所終，《未濟》卦男子行事困窮。《夬》卦處事決斷，陽剛決除陰柔。於是君子之道盛長，小人之道困憂。

【綜論】

《雜卦傳》錯雜六十四卦之序，將兩兩相對的卦對舉釋義，文辭較《序卦傳》更為簡約。文中對舉的兩卦之間，除篇末八卦外，其卦形非「錯」（旁通）即「綜」（反對），如《乾》（☰）與《坤》（☷）旁通，《睽》（☲）與《家人》（☲）反對等。之所以如此對舉見義，一方面由於事物的發展往往在正反相對的因素中體現其規律；另一方面六十四卦的卦體形式均存在反對、旁通的現象。此傳除了以兩卦對舉明義為特點外，在六十四卦的整體排列上，還可以看出作者用心細密之處：如前部分三十卦始於《乾》、《坤》，後部分三十四卦始於《咸》、《恆》，既合上下經卦數，又各以上下經的居首兩卦為首。而篇末以《夬》卦居終，義取「剛決柔，君子道長，小

人道憂」，深合《周易》推尚「陽剛正道」的宗旨，並與全《易》始
於《乾》卦相應。由此可知，《雜卦傳》雖雜敘諸卦，其條理卻秩然
分明，應視為《序卦傳》的姊妹篇。

卷五　《周易》名言警句

◆元者善之長也，亨者嘉之會也，利者義之和也，貞者事之幹也。

◆積善之家，必有餘慶。積不善之家，必有餘殃。

◆否終則傾，何可長也？

◆天道虧盈而益謙，地道變盈而流謙，鬼神害盈而福謙，人道惡盈而好謙。

◆天地以順動，故日月不過，而四時不忒。

◆无妄之往，何之矣？

◆枯楊生華，何可久也？

◆天地之道，恆久而不已也。

◆父父，子子，兄兄，弟弟，夫夫，婦婦，而家道正。正家，而天下定矣。

◆君子以言有物而行有恆。

◆天地睽而其事同也，男女睽而其志通也，萬物睽而其事類也。

◆損益盈虛，與時偕行。

◆君子以見善則遷，有過則改。

◆君子以順德，積小以高大。

◆天地革而四時成。

◆時止則止，時行則行。

◆日中則昃，月盈則食。天地盈虛，與時消息。

◆天尊地卑，乾坤定矣。

◆方以類聚，物以群分，吉凶生矣。

◆易則易知，簡則易從。易知則有親，易從則有功。

◆仰以觀於天文，俯以察於地理，是故知幽明之故。

◆一陰一陽之謂道。

◆仁者見之謂之仁，知者見之謂之知。

◆慢藏誨盜，冶容誨淫。

◆書不盡言，言不盡意。

◆是故形而上者謂之道，形而下者謂之器，化而裁之謂之變，推而行之謂之通，舉而錯之天下之民謂之事業。

◆天地之大德曰生，聖人之大寶曰位。

◆易窮則變，變則通，通則久，是以「自天祐之，吉无不利」。

◆善不積不足以成名，惡不積不足以滅身。小人以小善為无益而弗為也，以小惡為無傷而弗去也，故惡積而不可掩，罪大而不可解。

◆危者使平，易者使傾。

◆懼以終始，其要无咎，此之謂《易》之道也。

◆是故愛惡相攻而吉凶生，遠近相取而悔吝生，情偽相感而利害生。

◆有天地然後有萬物，有萬物然後有男女，有男女然後有夫婦，有夫婦然後有父子，有父子然後有君臣，有君臣然後有上下，有上下然後禮義有所錯。

後 記

　　《四庫全書總目‧經部易類小序》曾將易學史上的重要流派歸結為「兩派六宗」。兩派者，謂「象數派」與「義理派」。六宗，則是因「兩派」而衍生出的六個流別。然此「兩派六宗」，只是舉其大者，未能盡賅歷史上所有的易學研究現象。故《小序》又云：「《易》道廣大，無所不包，旁及天文、地理、樂律、兵法、韻學、算術，以逮方外之爐火，皆可援《易》以為說，而好異者又援以入《易》，故《易》說愈繁。」可見，在歷代《易》學研究領域中，前賢所涉及的學術層面至為寬廣，於是也為後學留下了豐富多彩的探索空間。

　　其實，千百年來的《易》學流派雖然紛繁複雜，但今日的治《易》者卻需抓住最根本的角度，先打下扎實的學術基礎，庶可立定腳跟，爭取尋求卓有建樹的學術創獲。約言之，對初始接觸《周易》的學者來說，行之有效的治《易》方法蓋有兩端：一是熟讀經傳本文，二是講求象數義理。先師黃壽祺教授曾反復強調，治《易》務必「從源溯流」、「強幹弱枝」。源者，謂《周易》經傳也；幹者，謂象數義理也。有鑒於如上認識，本書雖屬《周易》之簡注譯述本，筆者卻未敢以「簡」而輕忽之，唯努力遵循師說，認真汲取易學史上「象數派」與「義理派」的學術精髓，盡可能嚴謹而正確地以通俗之語解說《周易》經傳的學術意蘊，向讀者奉獻一本既有可讀性，又有學術性的《周易》讀本。這是筆者的誠摯心願，至盼有機會得到本書的同道學者之察鑒。

　　曾為本書謄抄清稿的，有葉友琛、黃培坤、張應輝、徐東樹諸生，謹此致謝。

張善文

附錄一：周易六十四卦圖示

周易上經

☰ 乾下，乾上。（　乾　為天 01）

☷ 坤下，坤上。（　坤　為地 02）

☵ 震下，坎上。（水雷　屯 03）

☶ 坎下，艮上。（山水　蒙 04）

☵ 乾下，坎上。（水天　需 05）

☰ 坎下，乾上。（天水　訟 06）

☷ 坎下，坤上。（地水　師 07）

☵ 坤下，坎上。（水地　比 08）

☴ 乾下，巽上。（風天　小畜 09）

☰ 兌下，乾上。（天澤　履 10）

☷ 乾下，坤上。（地天　泰 11）

☰ 坤下，乾上。（天地　否 12）

☰ 離下，乾上。（天火　同人 13）

☲ 乾下，離上。（火天　大有 14）

☷ 艮下，坤上。（地山　謙 15）

☳ 坤下，震上。（雷地　豫 16）

☱ 震下，兌上。（澤雷　隨 17）

☶ 巽下，艮上。（山風　蠱 18）

☷ 兌下，坤上。（地澤　臨 19）

☴ 坤下，巽上。（風地　觀 20）

☲ 震下，離上。（火雷　噬嗑 21）

☶ 離下，艮上。（山火　賁 22）

☶ 坤下，艮上。（山地　剝 23）

☷ 震下，坤上。（地雷　復 24）

☰ 震下，乾上。（天雷　无妄 25）

䷙乾下，艮上。（山天　大畜 26）
䷚震下，艮上。（山雷　　頤 27）
䷛巽下，兌上。（澤風　大過 28）
䷜坎下，坎上。（　坎　為水 29）
䷝離下，離上。（　離　為火 30）

周易下經

䷞艮下，兌上。（澤山　　咸 31）
䷟巽下，震上。（雷風　　恆 32）
䷠艮下，乾上。（天山　　遯 33）
䷡乾下，震上。（雷天　大壯 34）
䷢坤下，離上。（火地　　晉 35）
䷣離下，坤上。（地火　明夷 36）
䷤離下，巽上。（風火　家人 37）
䷥兌下，離上。（火澤　　睽 38）
䷦艮下，坎上。（水山　　蹇 39）
䷧坎下，震上。（雷水　　解 40）
䷨兌下，艮上。（山澤　　損 41）
䷩震下，巽上。（風雷　　益 42）
䷪乾下，兌上。（澤天　　夬 43）
䷫巽下，乾上。（天風　　姤 44）
䷬坤下，兌上。（澤地　　萃 45）
䷭巽下，坤上。（地風　　升 46）
䷮坎下，兌上。（澤水　　困 47）
䷯巽下，坎上。（水風　　井 48）
䷰離下，兌上。（澤火　　革 49）
䷱巽下，離上。（火風　　鼎 50）
䷲震下，震上。（　震　為雷 51）
䷳艮下，艮上。（　艮　為山 52）

☶ 艮下，巽上。（風山　　漸 53）

☱ 兌下，震上。（雷澤　歸妹 54）

☲ 離下，震上。（雷火　　豐 55）

☶ 艮下，離上。（火山　　旅 56）

☴ 巽下，巽上。（　巽　為風 57）

☱ 兌下，兌上。（　兌　為澤 58）

☵ 坎下，巽上。（風水　　渙 59）

☱ 兌下，坎上。（水澤　　節 60）

☱ 兌下，巽上。（風澤　中孚 61）

☶ 艮下，震上。（雷山　小過 62）

☲ 離下，坎上。（水火　既濟 63）

☵ 坎下，離上。（火水　未濟 64）

附錄二：朱恩仁老師提供的撲克牌演卦法

一、簡單的撲克牌占卜

◆撲克牌取卦爻的方法

基本上，占卜以一事一占問為原則。完成一次占問總共要取得三張有效點數的紙牌。前兩張是形成一個六爻卦，第三張是取本爻的爻位。首先，先來說明如何用兩張紙牌形成一個六爻卦。

根據先天八卦取數的原則：

☰ 乾1、☱ 兌2、☲ 離3、☳ 震4、☴ 巽5、☵ 坎6、☶ 艮7、☷ 坤8

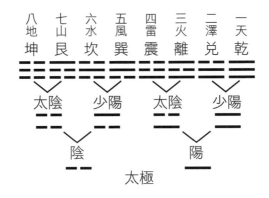

以先天八卦取數的原則代入撲克牌（一付完整的撲克牌共有54張），便知A（代表1）至8點為有效點數，9點以上為無效點數。

所以占問者在默念占問的事情，洗牌、翻牌取卦的時候（洗不洗牌看占問者的意願），翻到9以上的點數，就pass過去（包含鬼牌），直到翻出有效的取卦點數。

例如：首先翻出點數4的紙牌，根據先天八卦取數為（☳）震卦。第二次翻出有效點數為5，根據先天八卦取數為（☴）巽卦，因此這兩張有效點數的紙牌便取得了六爻卦當中的（䷩）風雷益卦。（請查下列1～8簡表）

第一張有效點數的紙牌一定是下卦，第二張有效點數的紙牌一定是上卦，這個形成六爻卦的順序是固定不變，一定要特別注意這點。翻牌的過程不論翻出多少張9點以上的紙牌（包含鬼牌），通通pass過去，直到出現兩張有效點數的紙牌為止。

取得兩張有效點數之後，便要取得第三張有效點數牌，也就是本爻的爻位。因為每個六爻卦只有六個爻位，所以第三張有效點數便成了A（代表1）至6點；換言之，A（代表1）就是初爻，依此類推，6點就是上爻。7點以上就是無效點數。

以前面已經卜得下卦4上卦5（䷩）益卦為例，如果翻到第三張牌的有效點數為4，便知所指為益卦的六四爻，這時便完成了整個取卦過程，接下來就可以查閱本書第42卦之益卦六四之卦意。

為了方便沒有卦爻符號基礎的讀者占卜，特別編製以下表格，提供查閱目錄之用，也是希望在不違背《周易》既定的卦序，特別體貼讀者另外編寫的索引。

◆請注意：

翻出第一張有效點數牌為下卦

翻出第二張有效點數牌為上卦

撲克牌取卦爻速查表

第一張有效點數牌為A（1）

下卦	上卦	目錄卦名、卦序	
A（1）	A（1）	乾	01
A（1）	2	夬	43
A（1）	3	大有	14
A（1）	4	大壯	34
A（1）	5	小畜	09
A（1）	6	需	05
A（1）	7	大畜	26
A（1）	8	泰	11

第一張有效點數牌為2

下卦	上卦	目錄卦名、卦序	
2	A（1）	履	10
2	2	兌	58
2	3	睽	38
2	4	歸妹	54
2	5	中孚	61
2	6	節	60
2	7	損	41
2	8	臨	19

第一張有效點數牌為3

下卦	上卦	目錄卦名、卦序	
3	A（1）	同人	13
3	2	革	49
3	3	離	30
3	4	豐	55
3	5	家人	37
3	6	既濟	63
3	7	賁	22
3	8	明夷	36

第一張有效點數牌為4

下卦	上卦	目錄卦名、卦序	
4	A（1）	无妄	25
4	2	隨	17
4	3	噬嗑	21
4	4	震	51
4	5	益	42
4	6	屯	03
4	7	頤	27
4	8	復	24

第一張有效點數牌為5

下卦	上卦	目錄卦名、卦序	
5	A（1）	姤	44
5	2	大過	28
5	3	鼎	50
5	4	恆	32
5	5	巽	57
5	6	井	48
5	7	蠱	18
5	8	升	46

第一張有效點數牌為6

下卦	上卦	目錄卦名、卦序	
6	A（1）	訟	06
6	2	困	47
6	3	未濟	64
6	4	解	40
6	5	渙	59
6	6	坎	29
6	7	蒙	04
6	8	師	07

第一張有效點數牌為7

下卦	上卦	目錄卦名、卦序	
7	A（1）	遯	33
7	2	咸	31
7	3	旅	56
7	4	小過	62
7	5	漸	53
7	6	蹇	39
7	7	艮	52
7	8	謙	15

第一張有效點數牌為8

下卦	上卦	目錄卦名、卦序	
8	A（1）	否	12
8	2	萃	45
8	3	晉	35
8	4	豫	16
8	5	觀	20
8	6	比	08
8	7	剝	23
8	8	坤	02

二、兩種牌型範例

範例一

　　左（太極）、中下（第一張有效點數A=1）、中上（第二張有效點數8）、右（第三張有效點數A=1）。

範例二

　　左起太極、第一張有效點數A=1、第二張有效點數8、第三張有效點數A=1。

　　◆讀者欲更了解更多簡易的自我演卦，請參考朱恩仁老師的著作：《易經占卜：大師教你自己看演卦（入門篇）》

國家圖書館出版品預行編目資料（CIP）資料

周易新解 . ／張善文作 . -- 初版 . -- 新北市：華
志文化，　2015.07
　　面；　公分 . --（諸子百家大講座；11）
　　ISBN 978-986-5636-25-8（平裝）

1. 易經　2. 注釋

121.12　　　　　　　　　　　　　104009151

書名／周易新解

系列／諸子百家大講座 0 1 1

華志文化事業有限公司

編　者　張善文教授

執行編輯　林雅婷

美術編輯　簡郁庭

封面設計　王志強

文字校對　陳麗鳳

企劃執行　康敏才

總編輯　黃志中

社長　楊凱翔

出版者　華志文化事業有限公司

電子信箱　huachihbook@yahoo.com.tw

地址　116 台北市文山區興隆路四段九十六巷三弄六號四樓

電話　02-22341779

印製排版　辰皓國際出版製作有限公司

郵政劃撥　戶名：旭昇圖書有限公司（帳號：12935041）

傳真　02-22451479

電話　02-22451480

地址　235 新北市中和區中山路二段三五二號二樓

總經銷商　旭昇圖書有限公司

出版日期　西元二〇一五年七月初版第一刷

售價　二五〇元

☉ 三晉出版社授權

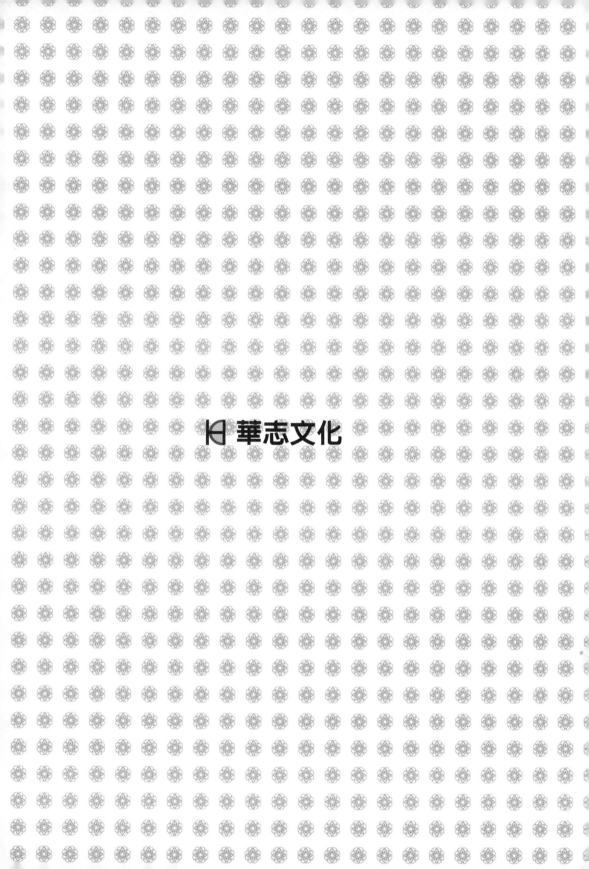

華志文化